Hannelore Bares • Gabriele Wunderlich

Zeit erfahren,

strukturieren und messen

Hannelore Bares • Gabriele Wunderlich

Zeit erfahren, strukturieren und messen

Der *Kleine* Verlag,
der mit dem roten Faden ...

Bares H. / Wunderlich G.
Zeit erfahren, strukturieren und messen
1. Auflage - Embsen-Oerzen, Der Kleine Verlag, 2002
ISBN 3-935264-31-3

Tel. 0 41 34 - 91 07 10, Fax 0 41 34 - 91 07 10

Zeichnungen:	Uwe Wunderlich
Redaktion:	Gabriele Wunderlich
Satz:	Barbara Priwall, Bardowick
Druck:	Druckerei WULF, Lüneburg

Printed in Germany

ISBN 3-935264-31-3

Inhaltsverzeichnis

Auf ein Wort ...

Sie haben ein Kind, dem das Erfassen von Zeitverläufen oder das Ablesen der Uhr Schwierigkeiten bereitet? Vielleicht haben Sie aber auch als Erzieher/in, Lehrer/in oder Therapeut/in mit einem solchen Kind (oder mehreren) zu tun? Dann werden Sie sich vermutlich schon des öfteren gefragt haben, welche konkreten Erfahrungen mit dem Phänomen Zeit Sie dem Kind ermöglichen sollten oder wie Sie ihm das Erlernen der Uhr erleichtern können. Dieses Buch liefert Ihnen die Antwort; Sie finden hier nicht nur eine Fülle praktischer Beispiele zum aktiven Erfahren von Zeitabläufen in der Lebenswelt des Kindes, sondern auch wichtige Hintergrundinformationen sowie Tipps und Tricks zum persönlichen Umgang mit Zeit.

Welche Erfahrungen machen Kinder mit der Zeit? Diese Frage stellte sich uns, als wir neulich im Café einen etwa fünf-jährigen Jungen beobachteten, der seiner Oma stolz die neue Armbanduhr an seinem Handgelenk präsentierte; er wies auf die 12 und verkündete: "Wenn die Zeiger hier oben sind, dann ist die Uhr leer."

„Dann ist die Uhr leer" - was meinte er damit? Er schien die Uhr als eine Art "Zeitspeicher" zu sehen. Diese Vorstellung faszinierte uns: In der Uhr ist ein gewisses Maß an Zeit gespeichert, die irgendwann verbraucht ist. Dass dieser Eindruck bei Kindern entsteht, ist durchaus denkbar. Wie oft hören sie von Erwachsenen: „Keine Zeit! Keine Zeit!" Schauen die dabei dann auch noch gehetzt auf die Uhr, muss es doch so aussehen, als stecke die Zeit in der Uhr.

Ist es - symbolhaft gesehen - nicht auch in gewisser Weise so? Schließlich haben wir doch alle das gleiche Maß an Zeit zur Verfügung. Statt aber weitestgehend selbstbestimmt damit umzugehen, unterwerfen wir uns allzu oft vorgegebenen Zeiteinteilungen, lassen uns von der Uhr treiben und hetzen. Immer früher bekommen Kinder ihre eigene Uhr, immer früher werden sie mit Zeitmaßen und Uhrzeiten konfrontiert, müssen mit den Terminplänen der Eltern und auch mit eigenen Terminplänen leben. Viel zu selten haben sie aber Gelegenheit sich ihrer eigenen Zeiterfahrungen bewusst zu werden und so ein Gefühl für Zeit entwickeln zu können. Ein gutes Zeitgefühl ist aber Voraussetzung sowohl für einen selbstbestimmten Umgang mit Zeit wie auch für sinnvolle Zeitplanung und notwendige angepasste Verhaltensweisen wie Pünktlichkeit und die Fähigkeit, Terminabsprachen zu treffen.

Es macht wenig Sinn, mit Kindern, denen diese Grundlage fehlt, das Ablesen der Uhr zu üben. Sie können dann zwar vielleicht mechanisch die Uhrzeiten benennen, eine konkrete Vorstellung von Zeit wird ihnen aber weitestgehend fehlen.

Dieses Buch gibt Ihnen Hinweise darauf, woran ein Kind zu erkennen ist, das möglicherweise Probleme mit der Uhrzeit hat und will helfen, den Blick zu lenken auf das, was Kinder brauchen, um

- ❖ ein Verständnis für Zeit entwickeln zu können,
- ❖ selbstbestimmt mit ihrer Zeit umzugehen,
- ❖ ihr Verhalten - wo erforderlich - vorgegebenen Strukturen anzupassen und
- ❖ die Uhr als Zeitmesser sicher zu nutzen.

Es ist ein Buch, in dem Sie immer wieder nachschlagen und stöbern können. Viel Spaß dabei!

Hannelore Bares   Gabriele Wunderlich

Hannelore Bares   Gabriele Wunderlich

Probleme mit der Zeit?

Woran wir erkennen,
dass ein Kind mit der Zeit/der Uhr nicht zurecht kommt

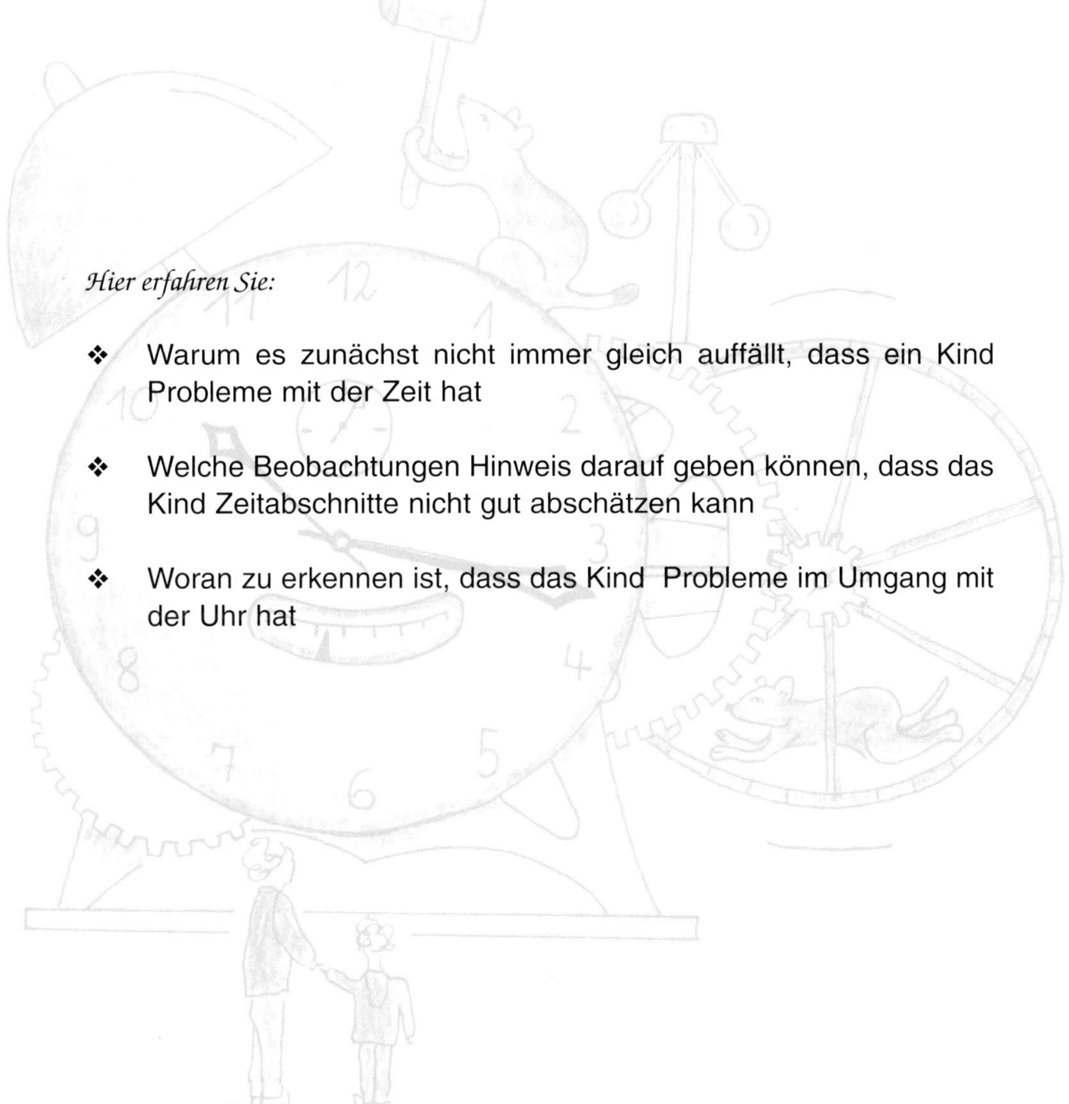

Hier erfahren Sie:

- Warum es zunächst nicht immer gleich auffällt, dass ein Kind Probleme mit der Zeit hat
- Welche Beobachtungen Hinweis darauf geben können, dass das Kind Zeitabschnitte nicht gut abschätzen kann
- Woran zu erkennen ist, dass das Kind Probleme im Umgang mit der Uhr hat

Ähnlich wie bei Analphabeten gibt es auch bei der Gruppe der Menschen, die Schwierigkeiten mit der Zeit - beziehungsweise im Umgang mit der Uhr - haben, eine sehr hohe Dunkelziffer. Die Betroffenen lavieren derart geschickt, dass ihre Probleme kaum auffallen. Digitaluhren und die digitale Schreibweise der Uhrzeiten (beispielsweise in Programmzeitschriften) unterstützen sie dabei in besonderer Weise. Meist wird erst durch Zufall offensichtlich, dass Defizite im Umgang mit Zeit und Uhr vorliegen. Eltern können das oft gar nicht glauben. „Im dritten Schuljahr hat sie/er in der Schule doch die Uhr gelernt", hören wir in solchen Fällen immer wieder. Diese Aussage macht deutlich, dass die Komplexität des Phänomens Zeit oft nicht bewusst gesehen wird.

Es reicht eben nicht aus, in einer Unterrichtseinheit das Ablesen der Uhr zu üben. Und die Tatsache, dass ein Kind die zugehörigen Aufgaben zumindest überwiegend richtig gelöst hat, ist noch lange kein Indiz dafür, dass es ‚die Uhr kennt'. Auch dass ein Kind ein guter Rechner ist, besagt nicht, dass es problemlos mit Zeit umgehen kann.

Auch wenn es auf den ersten Blick so scheint, als hätte ein Kind/ein Jugendlicher keine Schwierigkeiten mit Zeit bzw. mit der Uhr, lohnt sich die genauere Beobachtung. Die im Folgenden aufgeführten Auffälligkeiten, die zunächst vielfach scheinbar gar nichts mit dieser Problematik zu tun haben, können Hinweis darauf sein, dass das Kind/der Jugendliche Zeit nicht gut abschätzen kann und Probleme im Umgang mit der Uhr hat:

- *Das Kind ist pedantisch genau, kann beispielsweise nicht ertragen, dass ein Bild schief hängt, etwas sich nicht am gewohnten Platz befindet oder nur ungenaue Zeitangaben gemacht werden (ungefähr 10 Minuten, bald, ...).*
  Eine solche Pedanterie scheint einem Mangel an Zeitgefühl zwar zu widersprechen, zeigt aber, dass das Kind eine klare räumliche und zeitliche Struktur sucht; dies wiederum deutet darauf hin,

dass es sich auf die eigene Wahrnehmung von Raum und Zeit nicht verlassen kann und auf eindeutige Orientierungshilfen angewiesen ist.

❖ *Das Kind ist in seinen Tätigkeiten verlangsamt.*
Auffallend langsames Vorgehen beispielsweise beim Einpacken, Aufräumen oder Anziehen kann ebenso wie die oben beschriebene Pedanterie auf das Suchen nach einer klaren räumlichen und zeitlichen Struktur hinweisen.

❖ *Dem Kind liegt lineares, zielgerichtetes Denken nicht.*

Ein Kind das linear denkt, plant vorausschauend.

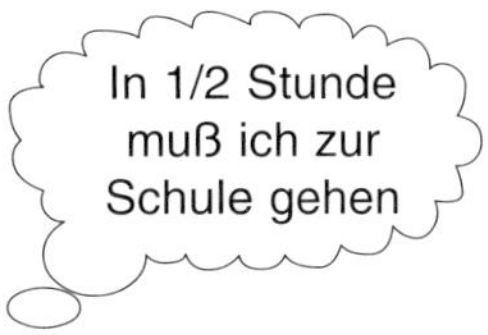

Eher unerwartete Gedankengänge, bei denen das Gehörte z.B. verknüpft wird mit einem Bild, einem bestimmten Ereignis, einem Gefühl deuten auf eine Dominanz der rechten Hirnhälfte hin.

Rechtshemissphärisch orientierten Menschen fällt das gliedernde und planende Denken schwer; im Umgang mit der Zeit stellt dies ein Handicap dar.

❖ *Eine Veränderung im Tagesablauf führt dazu, dass das Kind außer Rand und Band gerät.*
Dies kann der Fall sein, wenn das Kind so spät aufsteht, dass eine Mahlzeit ausfällt oder aber, wenn statt des Frühstücks gebruncht wird. Ihm fehlt dann einer der festen Punkte im Tagesablauf, an denen es sich normalerweise orientieren kann. Die Folge ist, dass es sich zeitlich nicht mehr zurecht findet; das scheinbare äußere Chaos bewirkt auch in ihm selbst einen chaotischen Zustand.

- *Das Zeitgefühl des Kindes schwankt je nach Jahreszeit, ist abhängig von Hell und Dunkel.*
  Es ist ganz natürlich, dass es beispielsweise bei der Umstellung von Sommer- auf Winterzeit oder auch durch die Lichtverhältnisse zu Irritationen kommt; orientiert das Kind sich aber nur am Tageslicht, könnte das ein Hinweis darauf sein, dass sein Zeitgefühl nicht ausreichend trainiert ist und es eventuell auch die Uhrzeiten nicht sicher ablesen kann.

- *Bei Terminen gerät das Kind unter Druck; es hat ständig Angst zu spät zu kommen, fragt immer wieder nach der Uhrzeit und kommt häufig viel zu früh.*
  Was von Erwachsenen oft als völlig unbegründet und auch nervend erlebt wird, stellt für das Kind eine sehr belastende Stresssituation dar. Durch verständnisvolle Unterstützung beim Umgang mit der Uhr und Hilfen für eine bessere Zeitplanung kann dieser Stress abgebaut werden.

- *Das Kind nimmt Termine extrem ernst, reagiert äußerst ungehalten, wenn Termine nicht eingehalten werden oder fragt immer wieder nach, wann genau es da sein muss, ob es jetzt gehen soll und so weiter.*
  Pünktlichkeit an sich ist ja durchaus erstrebenswert; ein solchermaßen überkorrektes, fast zwanghaftes Verhalten deutet jedoch darauf hin, dass dem Kind Hilfen fehlen, die Zeit realistisch abzuschätzen und sich an der Uhr zu orientieren.

- *Das Kind verpasst permanent Termine oder verspätet sich auffallend häufig.*
  Auch diese Unpünktlichkeit und vermeintliche Nachlässigkeit oder Unzuverlässigkeit des Kindes kann im Zusammenhang stehen mit einer unrealistischen Zeitwahrnehmung und Zeiteinschätzung.

❖ *Das Kind kann Ereignisse zeitlich nicht einordnen und verwendet Begriffe wie ‚gestern', ‚morgen', ‚Woche', ‚Monat', ‚Jahr' ... nicht richtig.*

Der nicht sinngemäße Umgang mit diesen Begriffen lässt allerdings nicht zwangsläufig auf mangelndes Zeitgefühl schließen; er kann ebenso Ausdruck einer nicht ausreichenden begrifflichen Klärung sein.

❖ *Das Kind hat Probleme mit der sinngemäßen Verwendung der Begriffe für räumliche und zeitliche Beziehungen (‚vor', ‚nach', ‚bevor', ‚nachdem', ‚vorne', ‚hinten' ...).*

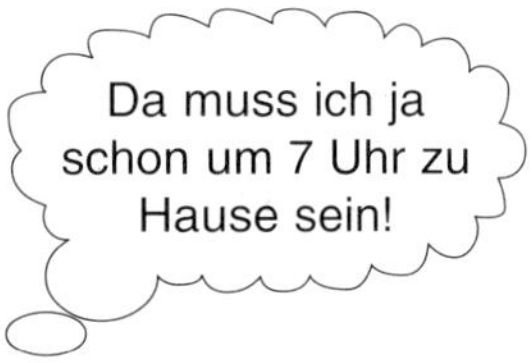

Wem schon die Orientierung im konkret erfahrbaren Raum Probleme bereitet, für den stellt der abstrakte Lernraum ‚Zeit' eine ganz besondere Schwierigkeit dar. Hilfe bieten können hier vielfältige konkrete Erfahrungen der räumlichen und zeitlichen Beziehungen über möglichst viele Sinne.

❖ *Das Kind verwechselt Zeitangaben (Minuten, Stunden ...) miteinander.*

Sind diese zeitlichen Maßeinheiten nicht gefestigt, kann ein sicheres Zeitgefühl nicht entwickelt werden.

❖ *Das Kind orientiert sich nur an der Digitaluhr (z.B. am Videorecorder o.ä.) und kann mit anderen Zeitangaben wenig anfangen.*

Insbesondere wenn Kinder sich der digitalen Sprechweise bedienen und beispielsweise nie von Viertel vor 11 Uhr, sondern nur von 10.45 Uhr sprechen, sollte geklärt werden, ob sie tatsächlich einen Begriff von der Bedeutung dieser Zeitangaben haben.

- *Das Kind kann (manche oder auch sämtliche) Uhrzeiten nicht von der Zeigeruhr ablesen.*
  Häufig ist zu beobachten, dass das Ablesen auf der rechten Hälfte des Zifferblatts - zumindest bis 5 vor halb - kaum Schwierigkeiten bereitet. Bewegt der große Zeiger sich in der linken Hälfte, kann es sein, dass das Kind dies als Richtungswechsel wahrnimmt; vorher bewegte sich der Zeiger von oben nach unten, nun aber von unten nach oben. Insbesondere für richtungsunsichere Kinder oder solche mit Schwierigkeiten im Bereich der Raum-Lage-Wahrnehmung kann das eine besondere Erschwernis im Umgang mit der Uhr bedeuten.

- *Das Kind kann die Uhrzeit zwar ablesen, an der (Digital- oder Zeiger-) Uhr aber nicht erkennen, wie spät es beispielsweise in einer Viertel- oder einer halben Stunde ist.*
  Das richtige Ablesen der Uhrzeit erfolgt häufig mechanisch, wird fälschlicherweise aber oft als sicheres Umgehen mit der Uhr interpretiert. Diese Sicherheit beinhaltet aber mehr; sie erfordert auch die Fähigkeit, sowohl Zeitspannen als auch bereits vergangene beziehungsweise zukünftige Zeitpunkte zu ermitteln.

Um sicher zu werden im Umgang mit der Zeit und mit der Uhr müssen entsprechende Übungen immer wieder in den Alltag integriert werden. Praktischen Beispielen dazu ist das Kapitel ‚Zeitgefühl trainieren' gewidmet (Seite 29-62). Sie sind aber auch an vielen anderen Stellen des Buches zu finden, dort sind Sie durch folgendes Symbol gekennzeichnet: 

Zeit erfahren
Zeit strukturieren

Wie man Kindern helfen kann, sich in der Zeit zu orientieren

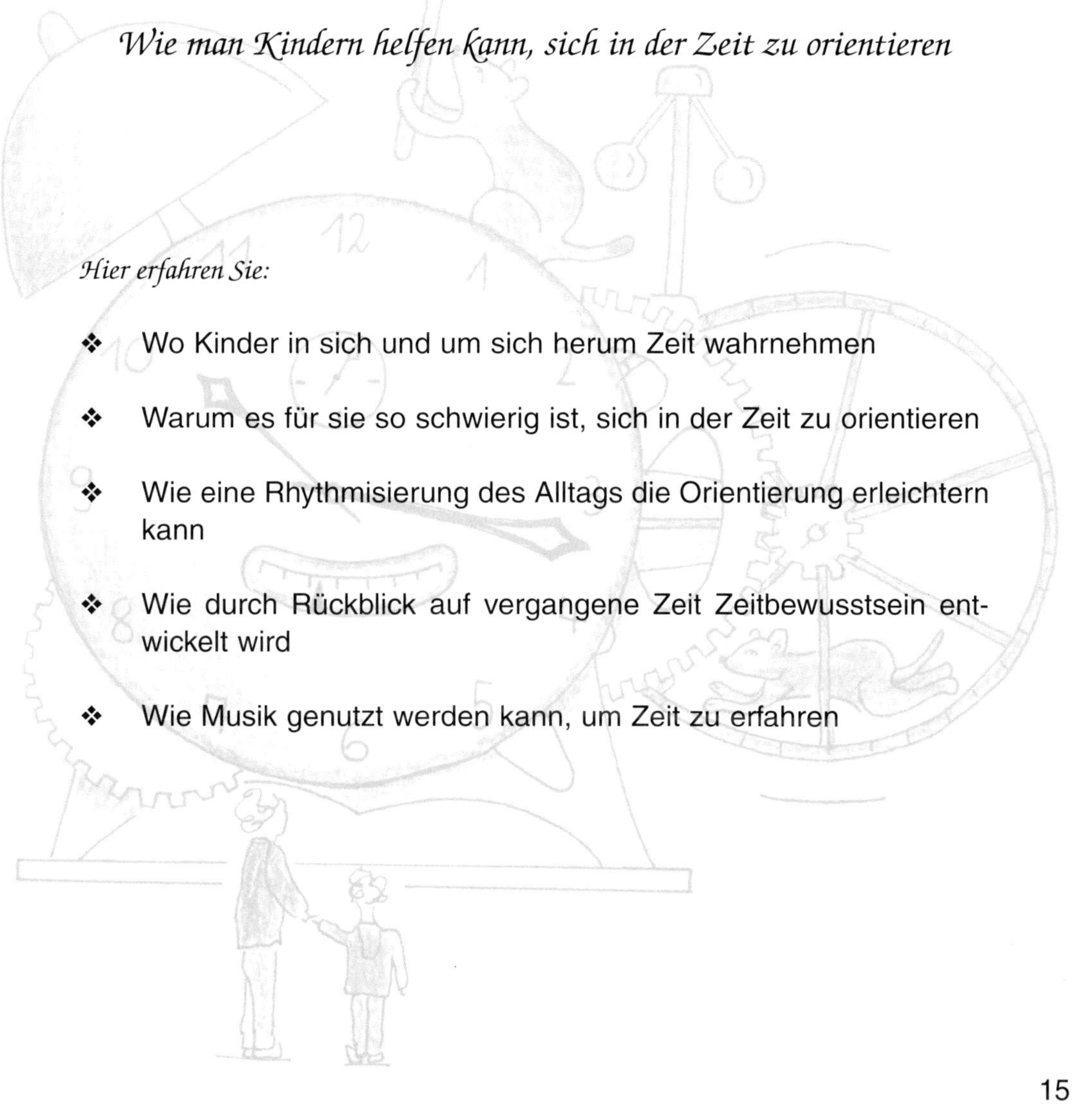

Hier erfahren Sie:

- Wo Kinder in sich und um sich herum Zeit wahrnehmen
- Warum es für sie so schwierig ist, sich in der Zeit zu orientieren
- Wie eine Rhythmisierung des Alltags die Orientierung erleichtern kann
- Wie durch Rückblick auf vergangene Zeit Zeitbewusstsein entwickelt wird
- Wie Musik genutzt werden kann, um Zeit zu erfahren

Anfassen und festhalten können wir die Zeit nicht; dass es sie dennoch gibt, das kann jeder einzelne von uns in sich selbst spüren, in den körpereigenen Rhythmen Herzschlag, Puls und Atmung. Und genau da sollten Kinder auch ihre ersten bewussten Erfahrungen mit der Zeit machen können. Indem sie in sich hineinhören, hineinspüren, erleben sie, wie hier ganz natürliche Zeitstrukturen entstehen, die letztendlich unser Leben bestimmen. Schlag für Schlag, Atemzug für Atemzug erfahren sie das unaufhaltsame Verfließen der Zeit.

Nicht nur in sich, auch um sich herum nehmen die Kinder unterschwellig Zeit wahr; Brüggebors beschreibt das Empfinden von Zeit als *ein „ 'Produkt' der sensorischen Integration:*

- *wir sehen die Bäume beim Eisenbahn- oder Autofahren vorbeirauschen*

- *wir hören das sich uns nähernde Auto; es wird lauter, je näher es kommt*

- *wir riechen, wie der Essensgeruch sich ‚mit der Zeit' verflüchtigt*

- *wir spüren und fühlen, dass der Weg in die Stadt länger dauert, als zum Bäcker an der nächsten Ecke; unsere Füße fangen mit der Zeit an zu schmerzen*

- *wir erleben auch die Raum/Zeit im elementaren Sinne einer Relation zwischen Entfernung und Zeit: Der Weg zum Schuster in der XY-Straße des selben Stadtteils ist kürzer und dauert nicht so lang wie der Weg zur Oma ins 600 km entfernte Hintertupfing.“* [1]

Unsere frühen Vorfahren kannten nur natürliche Zeitstrukturierungen; ihr Tageslauf wurde bestimmt von Sonnenauf- und -untergang, der Jahreslauf vom Wechsel der Jahreszeiten. Probleme mit der Zeit gab

---

[1] Brüggebors, G.: Einführung in die Holistische Sensorische Integration (HSI) Teil 1. Dortmund 1992. S. 102

es zum damaligen Zeitpunkt nicht; erst das industrielle Zeitalter ließ die Bedeutung der genauen Zeitmessung in den Vordergrund rücken. Heute gehören Stechuhr und Zeitplaner zum Leben des modernen Menschen. Sogar die Freizeit wird zunehmend von der Uhr beherrscht.

Von klein auf erfahren Kinder Zeit als etwas äußerst Wichtiges; die Zeit drängt, sie läuft davon und fehlt fast ständig. Wie rätselhaft - ja vielleicht sogar unheimlich - muss dieses über die Sinne nicht fassbare Phänomen Zeit den Kindern erscheinen! Sie können die Zeit im wahrsten Sinne des Wortes nicht be-greifen, wie sollen sie sich dann lernend damit auseinandersetzen?

Zum Lernen sind Kinder im Vor- und Grundschulalter auf sinnlich-konkrete Erfahrungen angewiesen; da diese hier nicht gegeben sind, darf es nicht wundern, wenn sie große Schwierigkeiten damit haben, Zeitverläufe zu erfassen und Zeitverständnis zu entwickeln.

Dennoch werden sie immer wieder mit - meist von außen vorgegebenen - Zeiteinteilungen konfrontiert, müssen sich in der Zeit orientieren, obwohl die Voraussetzungen dafür gar nicht gegeben sind. In einem fremden realen Raum können sie sich umschauen, Zentimeter für Zentimeter erkunden - mit den Augen, den Füßen, den Händen. Im Lernraum Zeit ist das alles nicht möglich. Am Ende einer Zeitspanne können wir eben nicht mehr zu deren Anfang zurückgehen und auch nicht dorthin zurückschauen; hier sind wir ganz auf unsere Vorstellung angewiesen, müssen Anfang und Ende in der Erinnerung wachrufen.

Hinzu kommt, dass Zeit subjektiv empfunden wird. In der dunklen Jahreszeit beispielsweise gerät unser Zeitgefühl häufig durcheinander; unser Grundgefühl sagt uns: Wenn es dunkel ist, muss es schon spät sein. Beim Warten auf einen wichtigen Anruf, während des Aufenthaltes im Wartezimmer des Arztes oder während eines im wahrsten Sinne des Wortes lang-weiligen Vortrags kommt uns eine

Zeitspanne viel länger vor als sie tatsächlich ist. Sind wir mit etwas Angenehmen beschäftigt oder erleben etwas Interessantes oder Spannendes, dann vergeht die Zeit ‚wie im Fluge'; die Zeitspanne wird dann als viel kürzer empfunden.

Genau genommen ist die Uhrzeit etwas Unnatürliches, das unser subjektives Empfinden für Zeit infrage stellt. Mit dem bloßen Ablesen der Uhrzeit ist es daher nicht getan. Zeitangaben machen erst dann einen Sinn, wenn ein Gefühl für Zeit- und Handlungsabläufe vorhanden ist.

Um sich in der Zeit orientieren zu können, brauchen Kinder im wahrsten Sinne des Wortes an-schau-liche und be-greif-bare Orientierungshilfen. Im Alter von etwa 4 bis 5 Jahren bringen sie das selbst zum Ausdruck, wenn sie nachfragen "Wie viel mal noch schlafen bis zum Geburtstag?" oder "Sind es noch ein oder zwei Märchencassetten bis die Mama wieder kommt?" Die Orientierung fällt ihnen leichter, wenn die Zeit-Räume eine ständig wiederkehrende Struktur aufweisen; eine Rhythmisierung des Tageslaufs und auch der Woche ist daher eine der wichtigsten Hilfen, die wir den Kindern geben können. Wer feste Riten in den Alltag integriert, schafft verlässliche Eckpunkte, gibt dem Tag eine klare Struktur; Zeit wird so besser begreifbar, besser erfahrbar. Über Zeiteinteilung und Rituale lernt das Kind schon früh Tobe- und Ruhephasen auseinander zu halten; es lernt bewusster hinzuhören und hinzuschauen und wird so befähigt, mehr Informationen von außen wahrzunehmen, neue Lernerfahrungen zu machen und zu höherer Aufmerksamkeit und Konzentrationsfähigkeit zu gelangen.[1]

In Kindergarten und Schule
lässt sich eine Rhythmisierung sehr leicht realisieren:

- Im **Kindergarten** bekommen die Zeiten für die unterschiedlichen Aktivitäten einen festen Platz im Tageslauf. Die Kinder wissen dann beispielsweise: Am Ende der Gleitzeit treffen wir uns jeden

[1] Vgl.: Aust-Claus,E./Hammer,P.-M.: Auch das Lernen kann man lernen. Ratingen 2001. S.24

Morgen zuerst im Morgenkreis, nach dem Morgenkreis ist Spielzeit; immer wenn wir gefrühstückt haben, ist Vorlesezeit. Hilfreich ist es, wenn sie für jede dieser Phasen ein Bild malen und an einer frei zugänglichen Stelle aufhängen.

Auch wenn das Kind die Uhr noch nicht lesen kann, sollte jedem Bild eine Pappuhr zugeordnet werden, auf der die Zeiger den Beginn der jeweiligen Phase zeigen. Auf diese Art und Weise wird den Kindern ihr Tagesablauf bewusst gemacht und sie können selbst nach Gliederungsgesichtspunkten suchen. Gleichzeitig lernen sie den Stand der Zeiger der Pappuhr mit dem auf der richtigen Uhr zu vergleichen. So können sie herausfinden, an welchem Punkt des Tages sie sich gerade befinden.

In der **Schule** sollte der vielerorts noch übliche Stundenplan durch einen rhythmisierten Plan ersetzt werden. Bewährt hat sich beispielsweise folgender Rhythmus:

7.45 bis 8.30 Uhr	Offene Eingangsphase mit Freier Arbeit
8.30 bis 8.45 Uhr	Morgenkreis
8.45 bis 9.30 Uhr	1. Arbeits-Zeit
9.30 bis 9.45 Uhr	Frühstück
9.45 bis 10.05 Uhr	Hofpause
10.10 bis 10.25 Uhr	Lesezeit
10.25 bis 11.10 Uhr	2. Arbeits-Zeit
11.10 bis 11.15 Uhr	Entspannungszeit
11.15 bis 11.50 Uhr	3. Arbeits-Zeit
11.50 bis 12.00 Uhr	Schlusskreis

Ob im **Kindergarten** oder in der **Schule**, hilfreich ist es auf jeden Fall, wenn der Plan für die Kinder auch anschaulich zur Verfügung steht; jede geplante Phase wird durch ein Symbol dargestellt. Wird dieses Symbol dann umgedreht sobald die Phase abgeschlossen ist, sehen die Kinder, wie sie in der Zeit fortschreiten; sie haben dann nicht nur vor Augen, an welcher Stelle des Tages sie sich gerade befinden, sondern auch, welche Zeiten schon hinter und welche noch vor ihnen liegen.

Wie Tageslauf und Woche **zu Hause** rhythmisiert werden, hängt von der ganz persönlichen Situation jeder einzelnen Familie ab. Hier seien nur ein paar Möglichkeiten genannt, die vielleicht Anstoß geben können einen eigenen Rhythmus zu finden:

Der Tag beginnt mit einer ‚Kuschelzeit' im Bett von Papa/Mama.
Nach der ‚Waschzeit' ist ‚Frühstückszeit'.
Nach dem Mittagessen ist ‚Spielzeit' oder ‚Arbeitszeit'.
Am Abend gibt es eine ‚Papa-Zeit', das ist die Zeit, wenn Papa nach Hause kommt.
Nach dem Abendessen ist ‚Vorlesezeit' ...

Zum ganz persönlichen Tageslauf malt das Kind auch zu Hause einzelne Bilder.

Entsprechend lässt sich **zu Hause** auch die Woche gliedern. Es muss ja nicht gleich so sein wie in einem Kinderlied, in dem es heißt: Montag - Nudeltag, Dienstag - Knödeltag, Mittwoch - Fleischtag ...
Aber vielleicht ist ein Tag der Oma-Tag, ein anderer der Einkaufs-Tag, Wander-Tag oder Back-Tag. Und wie wäre es mit einem Kinder-Tag, an dem die Kinder sich wünschen dürfen, was gemacht wird?

Auch wir Erwachsene kennen das: Wenn einmal etwas anders ist als gewohnt, kommen wir aus dem Zeitrhythmus. Lassen wir das getrost zu! An Sonntagen oder auch im Urlaub darf der Tagesablauf natürlich anders sein als gewohnt; wichtig ist nur, diese Veränderungen zu verbalisieren und das Kind so darauf aufmerksam zu machen, wie sein Körper Zeit empfindet.

Zeitbewusstsein entwickeln

können Kinder auch durch den Rückblick auf den Tag oder die Woche:

- In **Schule oder Kindergarten** setzen sich alle am Ende eines Tages oder einer Woche noch einmal zusammen und erinnern sich an das, was ihnen in dem betreffenden Zeitraum besonders gefallen hat.

- Zum Tagesrückblick - **zu Hause, im Kindergarten oder in der Schule** - kann jeweils auch ein Bild mit einem besonderen Tageserlebnis gemalt werden. Am Ende der Woche lässt das Kind oder die Gruppe anhand dieser Bilder die Woche noch einmal Revue passieren.

- Eine Grundschulkollegin erzählte uns von einer ganz besonders motivierenden Form des Wochenrückblicks, den ihre Schülerinnen und Schüler mit großer Begeisterung praktizieren; "Fernsehen kunterbunt" steht in dieser Klasse am Ende der Woche auf dem Programm.

  Vor der Klasse steht dann ein selbst gebauter Fernsehbildschirm, aus dem die Kinder zu ihren Mitschülern herausschauen können, um wie richtige Reporter noch einmal die ‚Highlights' der vergangenen Woche Revue passieren zu lassen.

  Ob **in der Schule, im Kindergarten oder zu Hause** - ein solcher Wochenrückblick lässt sich überall initiieren.

Zu Hause

kann der Rückblick einen ganz besonderen Rahmen bekommen:

- Vor dem Einschlafen erzählt das Kind der Mama oder dem Papa von seinen Erlebnissen.

- Das Kind führt ‚Tagebuch'. In dieses besondere Buch muss nicht unbedingt geschrieben werden; auch ein Bild zum jeweiligen Datum, eine Eintrittskarte, ein Fahrschein oder Ähnliches geben Auskunft über das, was an diesem Tag erlebt wurde.

Kalender helfen,

längere Zeiträume bewusst zu machen und zu überblicken.

- Um längere Zeiträume wie Monat und Jahr bewusst zu machen, bietet sich ein **Kalenderkasten** (nach Montessori) an, wie er häufig in Kindergärten und Schulen Verwendung findet. Er beinhaltet vier Kartensätze zum Aufhängen:

  Karten von 1 bis 31 für das Datum
  Karten mit den Namen der Wochentage
  Karten mit den Monatsnamen
  Karten mit Wettersymbolen für Sonne, Wolken, Sonne **und** Wolken, Regen, Gewitter, Schnee, eventuell auch Nebel.

  Die Karten mit den Monatsnamen symbolisieren durch ihre unterschiedlichen Farben die Jahreszeit, zu der sie gehören (Dezember, Januar und Februar in **Blau** für Winter; März, April und Mai in **Grün** für Frühling; Juni, Juli und August in **Rot** für Sommer; September, Oktober und November in **Braun** für Herbst).

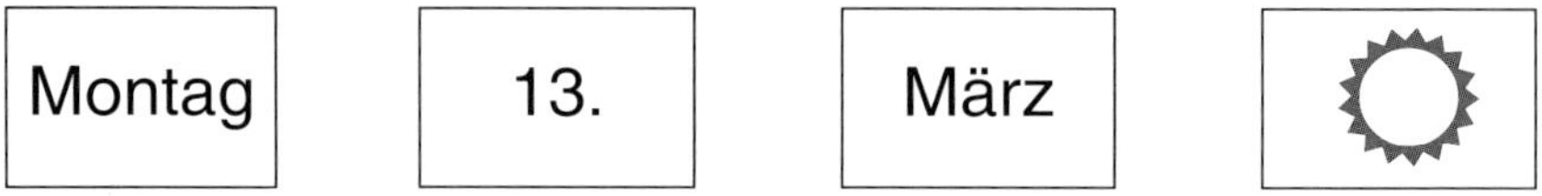

Durch das tägliche Auswechseln und auch das Sprechen dabei kann sich Zeitbewusstsein entwickeln. Die Kinder erleben: Die ‚Tages-Karten' (Datum und Wochentag) werden jeden Tag gewechselt. Die ‚Wetter-Karten' bleiben manchmal länger, manchmal nur kurz hängen. Die ‚Monats-Karten' hängen ganz schön lange; ein Monat ist also eine lange Zeit. Wenn dann die Monatskarte wieder aufgehängt wird, die wir schon einmal aufgehängt hatten, dann ist ein Jahr vorbei - eine sehr lange Zeit!

- Nach dem Muster dieses Kalenders kann das Kind sich auch seinen **ganz persönlichen Kalender** gestalten. In einem Terminkalender in Buchform gestaltet es jeden Tag den betreffenden Platz: Das Feld mit dem Wochentag malt es in der Farbe der jeweiligen Jahreszeit an. Auch das Datum-Feld wird farbig ausgestaltet. In den freien Platz daneben malt das Kind das zugehörige Wetter-Symbol und eventuell noch ein Bild zu dem, was es an diesem Tag erlebt hat.

Neben dem Erfahren von Rhythmen im Alltag
bietet auch der Rhythmus in der Musik eine wertvolle Hilfe, wenn es darum geht die Zeitwahrnehmung zu fördern.

Durch das Zusammenspiel von auditiver, kinästhetischer, taktiler und vestibulärer Wahrnehmung bieten die folgenden spielerischen Übungen[1] eine hervorragende Möglichkeit Zeit zu erfahren. Sie eignen sich sowohl für **zu Hause** als auch für den Einsatz in **Kindergarten** und **Schule**:

- Auf einer Trommel, mit einer Rassel o.ä. wird ein Rhythmus vorgegeben, der vom Kind herausgehört und nachgeschlagen oder nachgeklatscht wird.

- Ein Lied wird einmal nicht im Ganzen, sondern zeilenweise vor- und nachgesungen. Besonders geeignet ist hierfür beispielswei-

[1] Vgl. Mertens, K.: Lernprogramm zur Wahrnehmungsförderung. 5. verb. Aufl.. Dortmund 2001. S. 19

se das Lied ‚Bruder Jakob', aber auch alle anderen Kinderlieder bieten sich für ein solches ‚Echo-Singen' an.

- Das Kind bewegt sich zu einer Musik; der Rhythmus kann sowohl im Stehen an einem festen Platz als auch im Gehen im Raum nachempfunden werden. Beide Formen beziehen ganz intensiv den Gleichgewichtssinn (vestibulären Sinn) mit ein und tragen dadurch auch zu einer Förderung der Wahrnehmungsfähigkeit bei.

- Das Kind bewegt ein buntes Chiffontuch, einen Ball oder ein anderes Gerät zu der vorgegebenen Musik; bei mehreren Kinder kann auch ein großes Schwungtuch zum Einsatz kommen.

- Zu Musik malt das Kind frei oder gestaltet ein Mandala aus.

- Mit Hilfe entsprechender Musik entspannt sich das Kind oder ruht sich aus.

Ein derartiges Bewusstmachen und Strukturieren von Zeit ist wesentlich wichtiger als das bloße Benennen der Uhrzeit; es schafft erst eine der notwendigen Voraussetzungen für einen sinnvollen Umgang mit der Uhr, da das Kind so lernt, sich in der Zeit zu orientieren. Eine weitere wichtige Voraussetzung ist, dass das Kind die Zeiteinteilungen, die von der Uhr gemessen werden, rekonstruieren kann. Das wiederum kann es nur, wenn diese Zeitmaße anschaulich gemacht werden und es sie über möglichst viele Sinne erfährt.

Da Zeit nicht direkt über die Sinne erfahrbar ist,
sind Hilfsmittel erforderlich, die eine indirekte Veranschaulichung der Zeiteinheiten ermöglichen.

Die folgenden Beispiele stellen nur eine Auswahl der Möglichkeiten dar und können sensibilisieren für sinnhafte Zeit-Erfahrungen im Alltag:

Sekunde

- Das Kind beobachtet den Sekundenzeiger und klopft bei jedem Weiterspringen mit dem Finger oder einem Stift auf den Tisch.

- Ein Metronom wird so eingestellt, dass es im Sekundentakt schlägt. Das Kind beobachtet den Pendel. Wie ein Dirigent begleitet es jeden Schlag mit der ausgestreckten Hand.

- Das Metronom gibt den Sekundentakt an. Das Kind hüpft im gleichen Takt auf dem Fliesenboden von Fliese zu Fliese oder geht dazu Schritt für Schritt weiter.
  Wie weit kommst du in 5 Sekunden, 10 Sekunden ...?
  Eine noch intensivere Erfahrung dieses Zeitmaßes wird möglich, wenn das Kind begleitend zum Gehen Kopf oder Körper nach rechts und links wiegt; das vestibuläre System wird dabei noch stärker einbezogen.

- Während es gleichmäßig atmet, beobachtet das Kind den Sekundenzeiger.
  Wie viele Sekunden dauert ein Atemzug?
  Wie muss ich atmen, wenn ich in jeder Sekunde einmal ein- bzw. ausatme?
  Wenn das Kind dabei die Hand an die Nase hält, spürt es nicht nur die Atemluft, sondern auch die gleichmäßige Bewegung.

Bei jedem Weiterrücken des Sekundenzeigers lässt das Kind eine Erbse in ein Gefäß fallen. Es kann die Erbsen aus der Tüte oder von einem Teller greifen (Pinzett- oder Kronengriff) oder aber auch aus der Hand eines Mitspielers. Über den gleichmäßigen Rhythmus von Greifen und Öffnen der Hand und das Hören der fallenden Erbsen erfährt es den Zeitabschnitt einer Sekunde; sowohl über den auditiven wie auch den kinästhetischen Sinn. Gleichzeitig trainiert es auch die Handmotorik.

Minute

Das Kind beobachtet den Sekundenzeiger auf seinem Weg einmal rund um das ganze Zifferblatt. Es erfährt, dass die Zeit, die er hierfür braucht, eine Minute ist.
Zähle die Schritte, die der Sekundenzeiger macht!
Klatsche bei jedem Schritt des Sekundenzeigers einmal in die Hände!
Hüpfe bei jedem Schritt des Sekundenzeigers einmal auf der Stelle!

Ein Erwachsener schlägt im Sekundentakt eine Minute lang die Trommel oder ein anderes Schlaginstrument. Das Kind zählt die Schläge mit.
Wie viele Schläge waren in 1 Minute zu hören?

Das Metronom gibt den Sekundentakt an. Das Kind hüpft oder geht während 60 Schlägen im gleichen Takt weiter. Es kann dabei mitzählen, beim Gehen auch wieder Kopf oder Körper hin und her wiegen.
Welche Strecke legst du in 1 Minute zurück?

Das Kind beobachtet das Verrinnen des Sandes in der Sanduhr.
Bis wohin steht der Sand nach 1 Minute?

- Das Kind lässt ganz langsam Sand in ein zylinderförmiges Gefäß rieseln oder Erbsen - eine nach der anderen! - in einen Topf/ein Glas fallen.
  Wie hoch steht der Sand nach 1 Minute?
  Wie viele Erbsen sind nach 1 Minute im Topf oder wie hoch ist der Topf/das Glas mit Erbsen gefüllt?

- Das Kind macht Knoten in eine lange Schnur.
  Wie viele Knoten knüpfst du in 1 Minute?

- Das Kind singt sein Lieblingslied.
  Wie weit kommst du in 1 Minute?

- Nachdem das Kind den Zeitraum einer Minute häufig über möglichst viele Sinne erfahren hat, bedient es die Stoppuhr mit geschlossenen Augen:
  Stoppe die Uhr, wenn du denkst, dass 1 Minute um ist.

Viertelstunde

- Die Strecke, die der große Zeiger innerhalb einer Viertelstunde zurücklegt, markieren wir auf dem Zifferblatt; entweder kleben wir zur 12 einen grünen und zur 3 einen roten Klebepunkt, oder wir kennzeichnen die gesamte Strecke durch einen farbigen Strich.

- Wir schneiden - passend zu unserer ‚Lernuhr' - ein Viertelstunden-Segment aus. Dieses Segment kann an einem beliebigen Punkt auf das Zifferblatt aufgelegt werden und zeigt dem Kind, wann eine Viertelstunde um ist, wenn wir von einer anderen Zeit ausgehen als von der vollen Stunde.

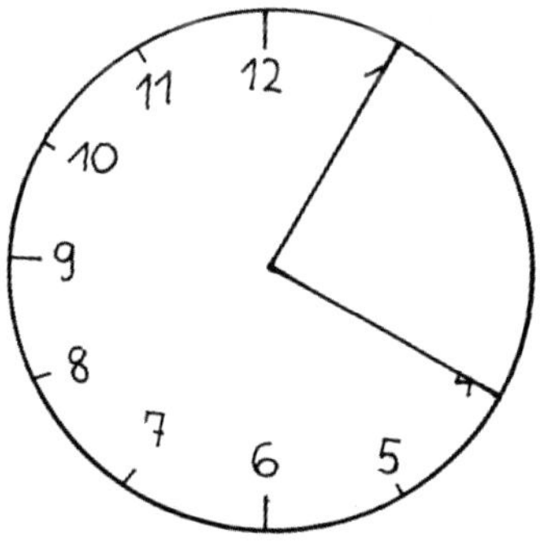

- In normalem Schritttempo gehen wir von zu Hause/von der Schule oder dem Kindergarten aus los.
  Bis wohin kommen wir in ¼ Stunde?
  Das Kind weiß dann: Eine Viertelstunde ist die Zeit, die ich brauche, um bis zum Bäcker/zur Post/zur Oma ... zu gehen.

- Im Tageslauf überprüfen wir, ob es Tätigkeiten gibt, für die wir eine Viertelstunde benötigen.
  Eine Viertelstunde ist die Zeit, die wir brauchen, um Nudeln zu kochen, Pfannkuchen zu backen, die Betten frisch zu beziehen ...

- Wir pflegen ein tägliches ‚Viertelstunden-Ritual'; **zu Hause** wird jeden Abend vor dem Einschlafen beispielsweise noch eine Viertelstunde lang vorgelesen, nachmittags singen oder musizieren wir eine Viertelstunde gemeinsam ...

- Auch im **Kindergarten** und in der **Schule** lässt sich der Zeitraum einer Viertelstunde in ähnlicher Weise über ein Ritual erfahren; immer an gleicher Stelle des Tagesablaufs gibt es beispielsweise eine Viertelstunde Zeit zum eigenen Lesen, zum Vorlesen, zum Entspannen ...

Der Zeitabschnitt der Viertelstunde ist schon zu lang, um objektiv immer als gleich lang wahrgenommen zu werden. Je nachdem ob er mit einer interessanten oder einen eher langweiligen Tätigkeit gefüllt ist, wird er als kurz bzw. als lang empfunden. Hier kann dem Kind gut verdeutlicht werden, dass es zwar möglich ist Zeit objektiv zu messen, wir diese Zeit-Räume aber subjektiv oft unterschiedlich empfinden.

Zeitgefühl trainieren

Ein ABC der Zeitmaße

Hier finden Sie:

❖ 181 praktische Beispiele zum bewussten Erleben, Abschätzen, Messen und Vergleichen kürzerer und längerer Zeitabschnitte in alltäglichen Situationen

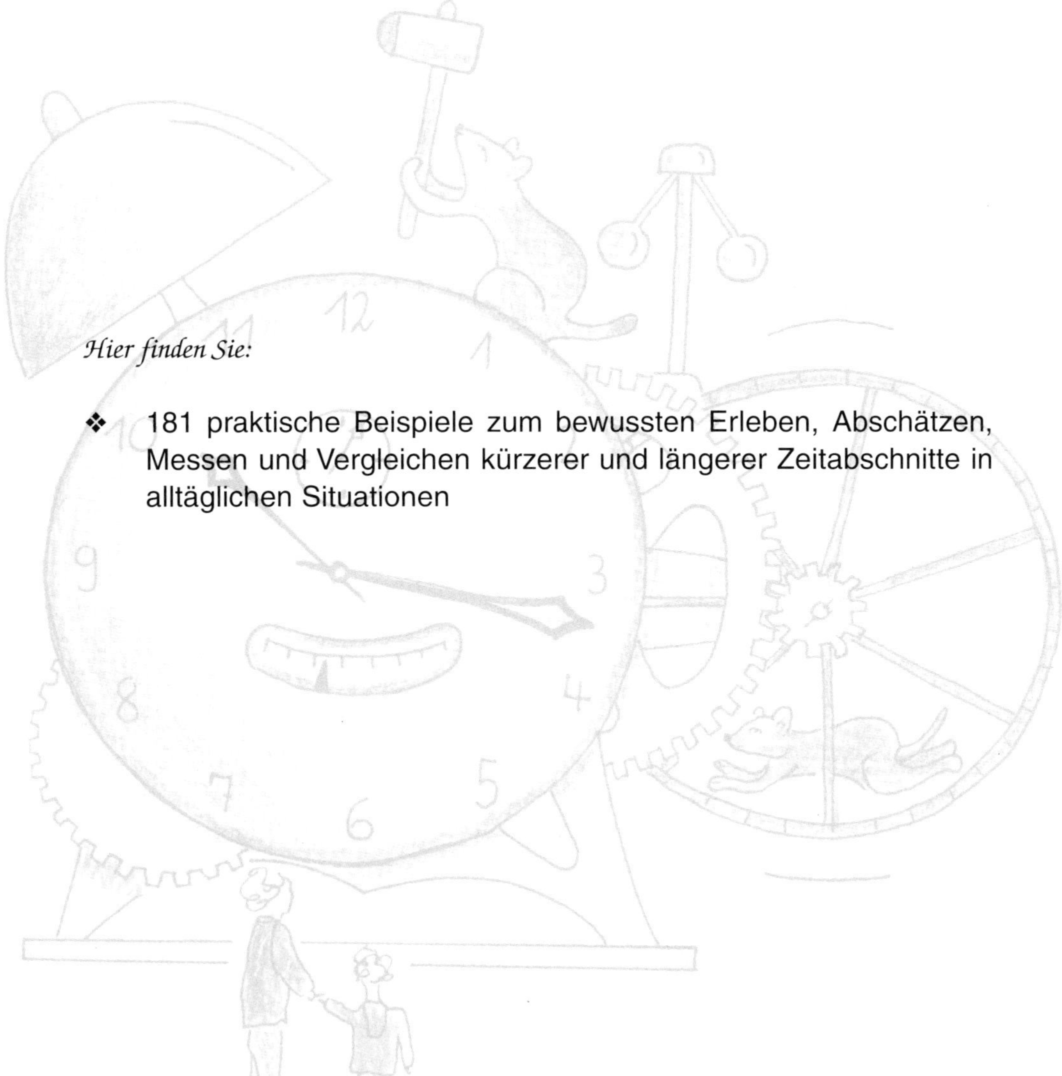

Um ein Gefühl für Zeit entwickeln zu können, brauchen Kinder zunächst viele Gelegenheiten, Zeiträume im konkreten Erleben zu erfahren, wie wir sie im Kapitel ‚Zeit erfahren - Zeit strukturieren' aufgezeigt haben. Haben sie auf diese Art und Weise einen Begriff davon bekommen, was bestimmte Zeitangaben bedeuten, können sie ihr Zeitgefühl trainieren, indem sie Zeiträume abschätzen.

Obwohl natürlich auch die großen Zeitabschnitte wie ‚Woche', ‚Monat' und ‚Jahr' zum Lernbereich ‚Zeit' zählen und im schulischen Bereich meist auch in diesem Zusammenhang thematisiert werden, sollten zunächst einmal die mit der Uhr nachmessbaren Begriffe ‚Sekunde', ‚Minute' und ‚Stunde' gefestigt werden.

Im Alltag des Kindes bieten sich vielerlei Gelegenheiten, das Gefühl für die Zeitmaße ‚Sekunde', ‚Minute' und ‚Stunde' zu trainieren:

- Die Kinder beobachten alltägliche Vorgänge, schätzen die erlebte Zeit und vergleichen sie mit der gemessenen Zeit.

- Sie stellen Vermutungen an über die Zeit, die für bestimmte Aktivitäten erforderlich ist. Im Anschluss daran messen sie die tatsächlich benötigte Zeit und vergleichen sie mit ihrer Schätzung.

Im nachfolgenden ‚ABC der Zeitmaße' findet sich eine Fülle von Anregungen hierfür. Dass die Ideensammlung auch zahlreiche Vorschläge zum bewussten Erleben der längeren Zeiträume (Viertelstunde, Halbe Stunde ...) enthält, hat einen Grund:

Kürzere Zeiträume abzuschätzen gelingt Kindern eher; je länger ein Zeitraum ist, desto schwerer fällt es ihnen. Also: Lassen wir sie Zeitabschnitte erleben und deren zeitliche Dauer schätzen, immer wieder, von A bis Zett.

Abkühlen

❖ Wie das duftet! Es fällt ganz schön schwer zu warten, bis der frisch gebackene Kuchen oder der leckere Pudding abgekühlt sind.
In einer halben Stunde/in einer Stunde können wir den Kuchen/den Pudding probieren. Wann ist die Wartezeit vorbei?
Wie lange hat der Kuchen/der Pudding gebraucht, um genügend abzukühlen?

❖ Vorsicht! Nicht den Mund verbrennen! Der Tee, der Kakao, die heiße Milch können nicht sofort getrunken werden; sie müssen erst ein wenig abkühlen.
Lass sie noch 2 Minuten abkühlen! Zwei Minuten - wie lange ist das?
Wie lange hast du warten müssen, bis du deinen Tee (den Kakao oder die Milch) trinken konntest?

Ampel

❖ Schon wieder Rot! Wenn die Ampel wieder auf Grün wechselt, schätzt das Kind:
Wie lange haben wir hier angehalten?

❖ Wir sind zu Fuß unterwegs und beobachten die Ampelzeichen.
Wie lange dauert die Grünphase bei der Ampel für Autofahrer/für Fußgänger?

Anrufbeantworter

❖ Das Telefon klingelt, und der Anrufbeantworter schaltet sich ein.
Wie lang dauerte es, bis er ansprang?

- ❖ Oma hat auf den Anrufbeantworter gesprochen! Was sie wohl erzählt hat?
  Wie lange dauerte ihre Aufsprache?
- ❖ Der Anrufbeantworter kann so eingestellt werden, dass er sich nach 1 Minute automatisch ausschaltet.
  Wie lang ist das wohl - 1 Minute? Schließe die Augen und öffne sie, wenn du denkst, dass 1 Minute vorbei ist.
  Oder: Klatsche 1 Minute lang in die Hände! ...

Auflösen von Zucker, Salz und anderen Stoffen

- ❖ Wir geben Zucker, Salz, Kakao- oder Puddingpulver in heiße Flüssigkeiten und beobachten, wie sich die Körner bzw. das Pulver auflösen.
  Wie lange brauchte der Zucker, bis er sich völlig aufgelöst hat?
  Wie lange brauchte das Salz in der heißen Flüssigkeit?
  Wie lange dauerte es, bis vom Kakaopulver nichts mehr zu sehen war?
  Wie lange wird es wohl dauern, bis das Wackelpuddingpulver sich vollständig aufgelöst hat?

- ❖ Wenn Brausetabletten sich auflösen, sprudelt das so schön!
  Wie lange braucht die Tablette, bis sie sich ganz aufgelöst hat?

Auto

- ❖ Wir fahren zu Oma und Opa. Die Fahrt dorthin wird etwa 4 Stunden dauern. Wenn wir angekommen sind, lassen wir das Kind vermuten:
  Waren wir tatsächlich 4 Stunden unterwegs? Oder eher weniger, oder mehr?

  Auf diese Art können Kinder längere Zeitabschnitte im wahrsten Sinne des Wortes er-fahren: 4 Stunden - das ist so lange wie wir immer zu Oma und Opa fahren; 8 Stunden - das ist die Zeit, die wir für die Fahrt in den Urlaub gebraucht haben.

Situationen, in denen nicht viel geschieht, in denen die Kinder nicht ständig in Aktion sind, eignen sich zum Erfahren längerer Zeitabschnitte besonders; die Zeit wird hier tatsächlich als sehr lange erlebt.

❖ Gerade erst losgefahren, schon zeigt der Tacho 50/70/100 Stundenkilometer an.
Wie lange dauerte es, bis das Auto die jeweilige Geschwindigkeit erreicht hatte?

❖ Wir fahren durch die Waschstraße.
Wie lange dauerte die Autowäsche?

❖ Beim nächsten Mal waschen wir das Auto selbst.
Wie lange werden wir wohl brauchen?
Wie lange haben wir tatsächlich gebraucht?

Autobahn

❖ An der nächsten Abfahrt verlassen wir die Autobahn. Noch 5 km sind es bis dorthin. Wenn wir die Abfahrt erreicht haben, schätzt das Kind:
Wie lange haben wir gebraucht bis dorthin?

❖ Mit Kindern gestaltet sich die Fahrt auf der Autobahn mitunter als Fahrt von einem WC zum nächsten. Nicht aufregen! Nutzen Sie die Situation!
Wie lange sind wir gefahren von der letzten Raststätte bis hierher?
In 10/15 Minuten wollen wir weiterfahren. Sag Bescheid, wenn du denkst, die Zeit ist um!

❖ Schon wieder im Stau! Die Zeit scheint überhaupt nicht zu vergehen. Wenn sich der Stau endlich auflöst, schätzt das Kind:
Wie lange haben wir im Stau gesteckt?

Autoreifen wechseln

- ❖ Reifenpanne!
  Wie lange wird es wohl dauern, bis der Reifen gewechselt ist und wir weiterfahren können?
  Wie lange wurden wir durch die Panne aufgehalten?

- ❖ Die Winterreifen werden nicht mehr gebraucht. Das Kind beobachtet, wie Vater oder Mutter die Reifen wechseln.
  Wie lange brauchte Papa/Mama, um einen Autoreifen zu wechseln?
  Wie lange dauerte es, bis alle 4 Reifen gewechselt waren?

Auto-Scheibenwischer

- ❖ Die Intervall-Schaltung ist eingestellt.
  Wie lang dauert die Pause zwischen den Wischgängen?

Baby

- ❖ Das Baby wird gefüttert - eine gute Gelegenheit Vermutungen über die hierfür benötigte Zeitspanne anstellen zu lassen.
  Wie lange wird das Baby brauchen, bis es die Milchflasche ausgetrunken/den Brei gegessen hat?

- ❖ Beim Füttern des Babys wird die Geduld manchmal auf eine harte Probe gestellt. Das dauert sooo lange! Im Vergleich mit der objektiv gemessenen Zeit kann hier die subjektive Dehnung erlebter Zeit erfahrbar gemacht werden.
  Wie lange wird es wohl gedauert haben, bis das Fläschchen/der Teller endlich leer war?
  Wie lange hat das Baby tatsächlich gebraucht?

Badewanne

❖ Heute wird gebadet!
Wie lange dauert es, bis das Badewasser eingelaufen, die Badewanne zur Hälfte gefüllt ist?
Wie lange hast du in der Badewanne gesessen?
Wie lange braucht das Badewasser, bis es ganz und gar abgelaufen ist?

Bahnschranke

❖ Gleich kommt ein Zug!
Wie lange dauert es, bis die Schranke ganz geschlossen ist?
Wie lange dauert es, bis der Zug kommt?
Wie lange dauert es, bis die Schranke wieder nach oben geht?
Wie lange haben wir am Bahnübergang warten müssen?

Bettwäsche

❖ Heute gibt's frische Bettwäsche!
Wie lange brauchst du, um dein Bett komplett frisch zu beziehen?
Wie lange brauchst du fürs Aufziehen des Bettlakens/fürs Beziehen des Kopfkissens/der Bettdecke?

❖ *Wie lange läuft die Waschmaschine mit der Bettwäsche?*

❖ *Wie lange wird es dauern, bis die Wäsche getrocknet ist?*

Bleistift/Buntstift

❖ Der Stift ist abgebrochen.
Wie lange dauerte es, ihn wieder anzuspitzen?

Blätter (am Baum)

❖ Herbst! Die Blätter fallen von den Bäumen. Wir beobachten eins von ihnen.
Wie lange dauerte es, bis es am Boden angelangt war?

Bonbon

❖ Das schmeckt aber!
Wie lange wird es wohl dauern, bis sich das Bonbon im Mund aufgelöst hat?
Wie lange hat es tatsächlich gedauert?

Briefe

❖ Wir schreiben einen Brief an Oma.
Wie lange hat es gedauert, all das zu schreiben, was wir ihr erzählen wollten?
Wie lange hat es gedauert, das Bild für sie zu malen?

❖ So kann der Brief nicht abgeschickt werden!
Wie viel Zeit werden wir wohl brauchen, um das Briefpapier zu falten, es in den Umschlag zu stecken, den Umschlag zuzukleben, die Adresse zu schreiben und eine Briefmarke aufzukleben?

❖ Zu Fuß/mit dem Fahrrad oder dem Auto zur Post und wieder zurück.
Wie lange waren wir unterwegs?

Brot

❖ Heute gibt's Toastbrot!
Wie lange dauert es, bis die Scheibe fertig geröstet ist?
Wie lange werden wir warten müssen, bis sie abgekühlt ist?

❖ Schnell noch die Schulbrote schmieren!
Wie viel Zeit brauchen wir, um sie mit Butter zu bestreichen und mit Käse/Wurst zu belegen?

- Papas selbst gebackenes Brot ist das Beste!
  Der Teig muss 30 Minuten ruhen. Wann ist diese Zeit wohl um?
  Wie lange dauerte es, bis wir das herrlich duftende Brot endlich aus dem Ofen herausnehmen konnten?

Bus

- An der Bushaltestelle vergeht die Zeit nur im Schneckentempo.
  In etwas mehr als 5 Minuten kommt unser Bus. Sag Bescheid, wenn du denkst, dass 5 Minuten um sind!
  Wie lange haben wir hier gestanden und auf den Bus gewartet?

- Während der Fahrt vergeht die Zeit meist wie im Fluge.
  Wir sind schon an der nächsten Haltestelle. Wie viel Zeit hat der Bus bis hierhin gebraucht?
  Endstation! Wie lange waren wir unterwegs?

- Die Fahrt mit dem Bus vom Flughafen zum Hotel wird etwa 1½ Stunden dauern.
  Wann denkst du, dass eine Stunde vorbei ist?
  Wie lange sind wir nun schon unterwegs?

CD

- Klasse, die neue CD!
  Wie lange läuft sie?
  Wie lange dauert dein Lieblingssong?

Computer

- Das neue Computerspiel war wirklich spannend.
  Wie lange haben wir am Computer gesessen?

- Und jetzt ins Internet!
  Wie lange braucht dein Computer/der Computer deines Vaters/der Mutter, um Anschluss ans Internet zu bekommen?

- Wir chatten mit Tante Gabi.
  Wie lange waren wir wohl online?

- *Wie lange brauchte der Drucker unseres Computers, bis er die (voll beschriebene)Textseite ausgedruckt hat? (Vergleiche mit anderen Computern!)*

Dampfkochtopf

- Gleich ist das Ventil oben!
  Wie lange dauert es, bis das Ventil beim zweiten Ring ist?

- Mit diesem Topf ist alles viel schneller gar.
  Wie lange garen die Kartoffeln/das Gemüse/das Fleisch?

- Erst öffnen, wenn das Ventil ganz unten ist!
  Wie lange dauert es, bis wir den Topf öffnen können?

Donner

- Es blitzt und donnert.
  Wie viel Zeit verging zwischen dem Blitz und dem Donner?

Echo

❖ Wie heißt der Bürgermeister von Wesel? - Es macht (nicht nur Kindern) Spaß, ein Echo auszulösen und seinem Klang zu lauschen.
Wie lange war der Klang des Echos zu hören?

Eier

❖ Ist das Ei jetzt weich oder schon hart gekocht? Wie kann man das wissen, wo man doch nicht unter die Schale gucken kann? Das Kind erfährt hier die Kochzeit als entscheidenden Faktor.
Wie lange dauerte es, bis das Ei weich gekocht war?
Wie lange müssen die Eier kochen, bis das Eigelb hart ist?

❖ Wir bereiten Spiegeleier/Rühreier zu.
Wie lange dauert es, bis das Eigelb fest ist?
Wie lange braucht das Rührei, bis es gestockt ist?

❖ Wir schlagen Eischnee.
Wie lange wird es wohl dauern, bis das Eiweiß zu einer festen Masse geschlagen ist?
Wie lange hat es tatsächlich gedauert?

Eis

❖ Im Gefrierfach des Kühlschranks haben wir immer Eiswürfel auf Vorrat.
Wie lange wird es etwa dauern, bis das Wasser im Eiswürfelbehälter zu Eis gefroren ist?
Wie lange dauerte es tatsächlich?
Wie lange braucht ein Eiswürfel, bis er sich im kalten Getränk vollständig aufgelöst hat?
Wie lange dauert es, bis ein Eiswürfel (bei normaler Zimmertemperatur) geschmolzen ist?

Fahrradschlauch

❖ Schon wieder zu wenig Luft im Reifen!
Wie viel Zeit wirst du wohl brauchen, um den Fahrradschlauch aufzupumpen?
Was schätzt du, hast du so lange gebraucht wie vermutet? Oder kürzer, oder länger?
Wie lange hast du tatsächlich gebraucht?

Fahrstuhl

❖ Wir wollen im Kaufhaus in die 3. Etage.
Der Kinderarzt hat seine Praxis im 4. Stock.
Ein Glück, dass es einen Fahrstuhl gibt!
Wie lange wird es wohl dauern, bis der Fahrstuhl uns an unser Ziel gebracht hat?
Wie viel Zeit werden wir brauchen, wenn wir die Treppe/Rolltreppe benutzen?
Das Kind überprüft seine Vermutungen mit der Stoppuhr.

❖ Vorsicht! Die Tür schließt selbsttätig.
Wie lange bleibt die Fahrstuhltür offen, wenn niemand zusteigt?
Wie lange bleibt sie offen, nachdem der letzte Fahrgast eingestiegen ist?
Wie lange dauert es, bis sie wieder ganz geschlossen ist und der Fahrstuhl losfährt?

Farbe

❖ Das Treppenhaus wird gestrichen.
Wie lange werden wir wohl dafür brauchen?
Wie lange hat es tatsächlich gedauert, bis alles gestrichen war?

❖ Vorsicht! Frisch gestrichen!
Wie lange wird es wohl dauern, bis der Lack oder die Farbe ganz

getrocknet ist?
Hinterher: Was schätzt du, wie lange hat es wohl tatsächlich gedauert?

Fernsehapparat

- „Musst du denn dauernd vor dem Fernseher sitzen?“ - Wie oft hat das Kind diese Frage schon gehört! Dabei sitzt es - nach seinem subjektiven Empfinden - doch nur ganz kurz davor!
  Was denkst du, wie lange hat die Sendung gedauert?
  Wie lange hast du wohl heute vor dem Fernseher gesessen?
  Wie lange dauerte der längste/der kürzeste Werbespot?
  Wie lange dauerte die Übertragung des Fußballspiels?

Feuerwehr

- Bei einer Feuerwehrübung zuzuschauen ist ganz schön spannend.
  Wie lange dauerte es, bis die Drehleiter ausgefahren war?
  Wie lange dauerte es, bis alle Personen ‚gerettet' waren?
  Wie lange dauerten die ‚Löscharbeiten'?
  Wie lange dauerte die ganze Übung?

Feuerwerk

- Eine Rakete nach der anderen fliegt nach oben.
  Wie lange leuchtet eine solche Rakete auf?
  Wie lange dauerte das Feuerwerk?

Fliegen

- Schon wieder ein ‚dicker Brummer' im Zimmer! Statt ihn direkt zu verjagen, beobachten wir ihn eine Weile.
  Wie lange sitzt die Fliege regungslos an der Wand?
  Wie lange dauert ihr ‚Rundflug' im Zimmer?
  Wie lange hat es gedauert, bis sie endlich zum Fenster herausflog?

Flugzeug

- Gleich startet die Maschine! In 3 Stunden werden wir auf unserer Ferieninsel sein. Zwischendurch lassen wir das Kind schätzen:
  Was meinst du, wie lange sind wir nun schon unterwegs?

- Das Flugzeug setzt zur Landung an.
  Wie lange wird es dauern, bis es auf der Landebahn aufsetzt?

- Sicher gelandet! Wir dürfen den Sicherheitsgurt lösen.
  Wie lange hat der Flug gedauert?

Fotoapparat

- Familienbild mit Selbstauslöser. Wir haben 20 Sekunden Zeit bis das Foto gemacht wird.
  Wie lange dauern 20 Sekunden?
  Wie weit kannst du in dieser Zeit zählen? (Langsam zählen!)

- Besonders spannend ist es, mit einer Sofortbildkamera zu fotografieren. Nicht nur Kinder können kaum erwarten, das fertige Bild zu sehen.
  Wie lange dauert es, bis das Bild aus dem Apparat kommt?
  Wie lange dauert es, bis es endlich deutlich zu erkennen ist?

Fußball

- Was ein echter Fußball-Fan ist, der weiß natürlich, dass eine Halbzeit 45 Minuten dauert. Bei Fernsehübertragungen wird eingeblendet, wie viel Spielzeit schon vergangen ist; als Zuschauer auf dem Fußballplatz dagegen kann das Kind sein Zeitgefühl testen:
  Wie lange wurde jetzt schon gespielt?
  Wie lange war das Spiel unterbrochen?
  Wie lange hat es gedauert, bis unsere Mannschaft den Ausgleichstreffer erzielen konnte?

- ❖ Jetzt wird selbst gespielt! Wenn man selbst in Aktion ist, ist es gar nicht so einfach eine Zeitspanne annähernd genau zu schätzen; das wird den Kindern bewusst, wenn sie ihre Schätzung mit der gemessenen Zeit vergleichen.
  Wie lange brauchst du, um von einem Tor zum anderen zu laufen?
  Wie lange schaffst du es, den Ball mit dem Fuß zu führen?
  Wie lange hast du jetzt schon gespielt?

Gartenschlauch

- ❖ Wasser marsch! Der Gartenschlauch wird zum ersten Mal benutzt. Beim Aufdrehen des Wasserhahns tut sich noch nichts.
  Wie lange dauerte es, bis das Wasser aus dem Schlauch spritzte?

Garn einfädeln

- ❖ Nicht nur geschickte Finger, sondern auch viel Geduld sind erforderlich, um einen Faden durch das Nadelöhr zu bekommen.
  Wie lange brauchtest du, um das Nähgarn in die Nähnadel einzufädeln?
  Wie lange dauert es bei dem Stickgarn?

Gips

- ❖ Aus Gipsbinden lassen sich tolle Masken machen.
  Wie lange wird es wohl dauern, bis der Gips trocken ist?
  Wie lange brauchten unsere Masken zum Trocknen?

- ❖ Der Arm ist gebrochen. Er muss gegipst werden.
  Wie lange brauchte der Arzt, um den Gipsverband anzulegen?

Grillfest

- ❖ Erst wenn die Grillkohle tüchtig glüht, dürfen wir das Fleisch auflegen. Wenn der Magen schon knurrt, wird die Geduld auf eine

harte Probe gestellt.
Wie lange hat es gedauert, bis die Kohle richtig am Glühen war?

- In etwa 5 Minuten müssen wir das Fleisch umdrehen.
  Wann sind die 5 Minuten wohl um?

Haare

- Opa hat's gut! Der hat kaum noch Haare und ist schnell fertig damit!
  Wie lange dauerte es, bis deine frisch gewaschenen Haare an der Luft getrocknet sind (im Winter/an einem warmen Sommertag)?
  Wie lange hat es gedauert, sie trocken zu fönen?
  Wie lange dauert das Föhnen bei Mamas langen Haaren?
  Wie lange dauert es, die Haare zu Zöpfen zu flechten?
- Haare schneiden ist angesagt!
  Wie lange dauert es deine Haare/die von Mama oder Papa zu schneiden?

Hausaufgaben

- Gerade beim Erledigen der Hausaufgaben kommt es auf gute Zeitplanung an; so lernt das Kind allmählich vorausschauend zu planen.
  Wie viel Zeit wirst du brauchen für die Deutsch-/Mathe-/anderen Hausaufgaben?
  Wie lange wirst du wohl heute brauchen für die Erledigung der gesamten Hausaufgaben?
  Wie lange sitzt du schon an den Hausaufgaben? Wie lange wirst du noch brauchen?
  Wann willst du heute die Hausaufgaben erledigen? Was wirst du in der Zwischenzeit tun?

Haut

- Schnell abtrocknen nach dem Schwimmen? Im Sommer ist das nicht nötig, da trocknet die Haut ziemlich schnell ganz von alleine!
  Wie lange wird es wohl dauern, bis sie ganz getrocknet ist?
  Wie lange hat es gedauert, bis sie ganz trocken war?

Heizkörper

- Es ist kalt geworden. Drehe den Heizkörper auf!
  Wie lange dauert es, bis der Heizkörper richtig warm ist?
  Wie lange dauert es, bis es im Raum wieder angenehm warm ist?
- Der Heizkörper kann abgedreht werden.
  Wie lange braucht er, bis er wieder ganz abgekühlt ist?

Hund

- Tante Giselas Hund kann ‚Männchen' machen.
  Wie lange kann er sich aufrecht halten?
- Morgens und nachmittags gehen wir mindestens eine halbe Stunde mit unserem Hund nach draußen.
  Wann ist eine halbe Stunde um?
  Wie lange waren wir heute mit ihm unterwegs?

Inhalieren

- „Regelmäßig inhalieren!", hat der Arzt gesagt. „Morgens und abends jeweils eine Viertelstunde!"
  Eine Viertelstunde - wie lange ist das?

Insel

Reif für die Insel? Dann nichts wie hin! Die Zeit bis zur Ankunft lässt sich nutzen, um längere Zeitabschnitte zu erfahren und das eigene Zeitgefühl zu trainieren.

- In einer Stunde geht die nächste Fähre. Während der Wartezeit schätzen wir:
  Wie viel Zeit ist bis jetzt schon vergangen?
  Ist die Stunde jetzt gleich um?

- Die Überfahrt wird 2 Stunden dauern.
  Sind wir jetzt schon 1 Stunde unterwegs?
  Was schätzt du, wie lange wird es noch dauern, bis wir ankommen?

Instrumente

- Instrumente erzeugen Töne bzw. Klänge, die unterschiedlich lange nachklingen. Während die Kinder den Klängen nachlauschen, machen sie nicht nur Erfahrungen im Vergleichen von Zeitabschnitten (länger/kürzer); sie schulen auch ihren auditiven Sinn sowie ihre Konzentrationsfähigkeit.
  2 oder 3 verschiedene Instrumente. – Welches klingt am längsten, welches am kürzesten nach?
  Wie lange war der Klang zu hören?
  Ein Instrument wird einmal leicht und einmal kräftig angeschlagen.
  War der Klang beide Male gleich lang zu hören?
  Oder wann war er länger, wann kürzer zu hören?

- Vor den Erfolg haben die Götter den Schweiß gesetzt. Kinder, die selbst ein Instrument spielen, geben gerne eine Kostprobe ihres Könnens. Regelmäßiges Üben ist unerlässlich.
  Jeden Tag 15 Minuten üben. Sind die 15 Minuten für heute schon vorbei?
  Wie lange hast du heute geübt?
  Wie lange dauert das Stück, das du vorspielen möchtest/vorgespielt hast?

❖ Für Omas Geburtstag bereiten wir ein kleines Konzert vor.
Wie lang wird das geplante Konzert dauern?

Kaffeemaschine

❖ Ist der Kaffee immer noch nicht durchgelaufen?
Wie lange dauert es, bis das Wasser für 4/6/8 Tassen durch den Filter gelaufen ist?

Kartoffeln

❖ Wir schälen Kartoffeln.
Wie lange brauchst du, um eine mittelgroße Kartoffel zu schälen?
Wie lange brauchen Oma, Opa, Papa oder Mama dafür?
Wie lange brauchen wir, um die ganzen Kartoffeln fürs Mittagessen zu schälen?

❖ Wir kochen Kartoffeln.
Wie lange dauert es, bis sie gar sind?
Für den Auflauf sollen sie 15 Minuten kochen. Wann ist die Zeit um?

Kerzen

❖ Kerzen in allen Variationen!
Wie lange brennt eine dicke/dünne Kerze?
Wie lange brennt ein Teelicht?
Wie lange eine Wunderkerze?

Kindergeburtstag

❖ Schon wieder eine Kerze mehr auf dem Geburtstagskuchen!
Wie lange dauert es, sie alle anzuzünden?
Wie lange braucht das Geburtstagskind, um sie alle wieder auszupusten?

- Mal etwas Anderes: Kuchenessen im Zeitlupentempo! Zwei Spielvarianten sind möglich:
  Wer kann am längsten an seinem Kuchenstück essen? (Esspausen einzulegen ist nicht erlaubt!)
  Wer schafft es, genau 10 (...) Minuten an seinem Stück Kuchen zu futtern?

Kino

- Wann fängt der Film denn endlich an?
  Wie lange läuft jetzt schon die Werbung?
  Wie lange dauerte der Filmausschnitt, mit dem der nächste Film angekündigt wurde?

- The End!
  Wie lang hat der Film gedauert?
  Wie lange waren wir insgesamt im Kino - mehr oder weniger als zwei Stunden?

Kirchenglocken

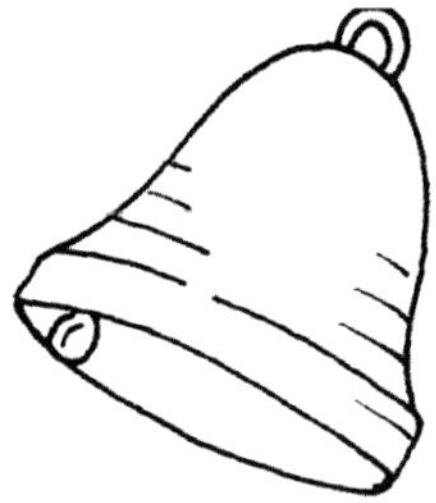

- Die Kirchturmglocke läutet.
  Wie lange hat das Glockengeläute gedauert?

- Mancherorts wird zweimal zum Gottesdienst geläutet.
  Wie lange dauert die Pause zwischen dem ersten und zweiten Läuten?

- Wenn die Kirchturmglocke die Zeit schlägt, hören wir, wie lange sie nachklingt.
  Wie lange war der Klang zu hören?

Kniebeugen

- Ganz schön anstrengend!
  Wie lange kannst du - ohne Pause - Kniebeugen machen?

Knöpfe

- Ganz schön viele Knöpfe an der neuen Jacke/dem Hemd/der Bluse!
  Wie lange brauchst du zum Zuknöpfen?

- Ob Junge oder Mädchen, ob Klein oder Groß:
  Wie lange brauchst du, um einen Knopf mit zwei/vier Löchern anzunähen?

Krawatte

- Wer schön sein will, ...
  ... braucht Zeit!
  Wie lange braucht dein Vater/brauchst du, um eine Krawatte zu binden?

Luftballon

- Da braucht man ganz schön viel Puste!
  Wie lange brauchst du, um den Luftballon ganz dick aufzublasen?
  Wie lange dauert es, all die Luftballons aufzupusten, die wir zur Dekoration brauchen?
  Wie lange schaffst du es, einen Luftballon durch Pusten in der Luft zu behalten?

- Das Zubinden ist gar nicht einfach!
  Wie lange brauchst du, um deinen Ballon richtig zuzubinden?
  Wie lange dauerte es, bis alle ihre Ballons zugebunden hatten?

Luftmatratze

- An die Arbeit!
  Wie lange brauchst du, um deine Luftmatratze aufzupumpen?

Meer

Die Flut kommt!

- ❖ *Wie lange dauert es, bis das Wasser bis zu unserer Sandburg gekommen ist?*

- ❖ *Wie lange braucht eine Welle, bis sie ausgerollt ist?*

- ❖ *Wie lange dauert es, bis eine neue Welle der anderen folgt?*

Milch

- ❖ Pass auf, dass die Milch nicht überkocht!
  Wie lange kann man ½ Liter Milch auf der Herdplatte stehen lassen, bis sie anfängt im Topf hochzusteigen?

- ❖ Was passiert, wenn man die heiße Milch nicht umrührt?
  Wie lange dauert es, bis sich auf heißer Milch eine Haut gebildet hat?

Müll

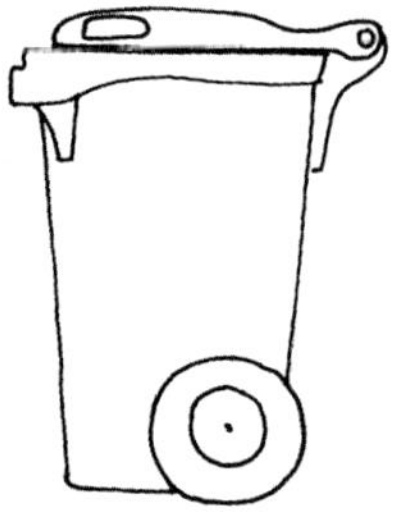

- ❖ Schon wieder den Mülleimer leeren?
  Wann wurde der Mülleimer zuletzt geleert?
  Wie lange dauert es, ihn zu leeren und einen neuen Müllbeutel hineinzugeben?

- ❖ Die Müllabfuhr kommt!
  Wie lange braucht der Müllwagen, um eine Mülltonne zu leeren?
  Wie lange braucht er für alle Mülltonnen in unserer Straße?

Nachrichten

- Nur noch schnell die Nachrichten hören/anschauen, dann wird gespielt!
  Wie lange dauern die Nachrichten im Radio/im Fernsehen?
  Wie lange dauert der Wetter-Bericht?

Nagellack

- Mamas Nagellack zu benutzen macht Spaß und erfordert Geduld.
  Wie lange dauert es, bis alle Nägel lackiert sind?
  Wie viel Zeit vergeht, bis Nagellack getrocknet ist?

Nudeln

- Kochzeit 10 - 12 Minuten
  Was denkst du, wann sind 10 Minuten um?
  Wie lange waren die Nudeln im kochenden Wasser?

Ostereier

- Eier auspusten - auch eine gute Übung für die Mundmotorik!
  Wie lange brauchst du, um ein Ei auszupusten?

Obstsalat

- Heute gibt's Obstsalat zum Nachtisch. Da können alle bei der Zubereitung helfen.
  Wie lange brauchst du um eine Orange/einen Apfel zu schälen?
  Wie lange haben wir gebraucht, um den Obstsalat zuzubereiten?

Pudding

❖ Kochen oder lieber kalt anrühren?
Wie lange kocht der Pudding, bis er dick wird?
Wie lange braucht er zum Abkühlen?
Etwa 1 Minute auf höchster Stufe cremig rühren - wann ist die Minute vorbei?
Wie lange hat es gedauert, bis der Pudding cremig war?

Pulsschlag

❖ Miss deinen Puls im Sitzen, beim Gehen, nach dem Laufen, nach dem Treppensteigen!
Wie viele Schläge zählst du in 1 Minute?

❖ Wer öfter den eigenen Pulsschlag pro Minute festgestellt hat, kann ihn auch zur Zeitmessung verwenden.
Wann ist ungefähr ½ Minute um?
Wann ist etwa 1 Minute vergangen?

Rasur

❖ Ganz schön kratzig!
Wie lange dauert es, bis Papa/der große Bruder sich rasiert hat?

Reis

❖ Gut Ding will Weile haben!
Wie lange kocht Reis, bis er gar ist?

Rolltreppe

❖ Rechts stehen - links gehen!
Wie lange fährst du auf der Rolltreppe, um von einem Stockwerk ins nächste zu gelangen?

Wie lange brauchst du, wenn du auf der Rolltreppe nach oben gehst?
Wie lange brauchst du, wenn du die Treppe benutzt?

Sahne schlagen

- Aber bitte mit Sahne!
  Wie lange braucht man, um mit einem Handmixer 250g Sahne zu schlagen?
  Wie lange dauert es mit dem Schneebesen?

Scheren-Schnitte

- Ein beliebiges Motiv (deutliche Konturen) soll ausgeschnitten werden.
  Wie lange wirst du brauchen?
  Wie lange hast du gebraucht?

Schmetterlinge

- Beobachte einen Schmetterling, der aus einer Blüte Nektar saugt!
  Wie lange sitzt er auf der Blüte?
  Beobachte auch Bienen oder Hummeln!

Schubkarre

- Eine ganze Schubkarre voll Sand oder Kies!
  Wie lange dauert es, die Schubkarre zu füllen?
  Wie lange brauchen wir, um die voll beladene Schubkarre bis zu der Stelle zu schieben, wo der Kies/der Sand gebraucht wird?
  Wie lange brauchen wir für den gleichen Weg mit der leeren Schubkarre?

Schuhe

- ❖ Schuhe mit Klett-Verschluss lassen sich schnell und leicht öffnen und schließen. Mit Schnürsenkeln ist es nicht nur schwieriger, sondern auch zeitaufwändiger.
  Wie lange brauchst du, um die Schuhe mit einem Schnürsenkel zu schließen?

Schwimmen

- ❖ 15 Minuten Schwimmen - dann gibt's das ‚Seepferdchen'.
  Wie lange kannst du schwimmen ohne dich zwischendurch am Beckenrand festzuhalten?
  Wie lange brauchst du, um einmal durch das ganze Becken zu schwimmen?
  15 Minuten - wie oft musst du dazu durch das ganze Becken schwimmen?

- ❖ Untertauchen!
  Wie lange kannst du/kann dein Freund unter Wasser tauchen?
  Wie lange brauchst du/braucht dein Freund, um einen Gegenstand vom Boden nach oben zu holen?

- ❖ Auch Papier und Stoff können schwimmen - fragt sich nur, wie lange.
  Wie lange schwimmen folgende Materialien auf der Wasseroberfläche, bis sie untergehen:
  - trockenes Brot (Enten füttern)
  - ein Blatt vom Baum
  - ein Schwamm
  - ein Blatt Schreibpapier
  - ein Löschblatt
  - ein Salatblatt
  - ein Stückchen Stoff
  - ein leichter Pullover

Sirene

❖ Probealarm!
Wie lange heult die Sirene?
Wie lange ist der Ton noch zu hören?

Spülmaschine

❖ Eine tolle Erfindung!
Wie lange läuft unsere Spülmaschine (normaler Spülgang)?

Stadtbummel

❖ Da gibt's viel zu sehen!
Wie lange hat unser Einkaufsbummel heute gedauert?

❖ In zwei Stunden sind wir mit Papa im Café verabredet. Zwischendurch vermutet das Kind:
Wie viel Zeit ist wohl schon vergangen?

Stein

❖ Immer wieder faszinierend: Ein flacher Stein - richtig geworfen - hüpft über die Wasseroberfläche.
Wie viele Sekunden bleibt er auf dem Wasser?
Wessen Stein blieb am längsten in Bewegung?

❖ Wir lassen einen Stein in das Wasser des Sees plumpsen; er zieht dort immer größer werdende Kreise.
Wie lange dauert es, bis die Kreise verschwunden sind und die Wasseroberfläche wieder ruhig ist?
Wie ist es bei einem größeren/einem kleineren Stein?

Straße

❖ Ganz schön lang, unsere Straße! Gehe vom äußersten Ende bis zum Anfang!
Wie lange wirst du brauchen, wenn du zügig gehst/wenn du

läufst?
Wie lange dauerte es, als du gegangen/als du gelaufen bist?

Streichholz

- Ob ein kurzes Streichholz wohl reicht, um die beiden Kerzen anzuzünden?
  Wie lange brennt das kurze Streichholz?
  Wie lange brennt eins von den langen Kaminhölzern?

Stromausfall

- Endlich wieder Licht!
  Wie lange war der Strom abgestellt?

Stromzähler

- Einmal rast die Scheibe am Stromzähler geradezu, ein andermal dreht sie sich ganz gemächlich. An dem roten Markierungsstrich sehen wir, wenn sie eine Umdrehung gemacht hat.
  Wie lange braucht sie für eine Umdrehung, wenn alle möglichen Elektrogeräte und Lichtquellen eingeschaltet/alle möglichen Energiequellen ausgeschaltet sind?

Supermarkt

- *Wie lange haben wir heute für unseren Einkauf gebraucht?*

- Schon wieder solche Schlangen an der Kasse!
  Wie lange wird es wohl dauern, bis wir endlich an der Reihe sind?
  Wie lange haben wir in der Schlange warten müssen?

Tageslicht

- Jetzt wird es schon wieder so früh dunkel!
  Wie lange war es heute hell?

Tankstelle

❖ Der Tank ist fast leer.
Wie viel Zeit vergeht, bis er wieder vollgelaufen ist?

Tee

❖ Für den grünen Tee muss das kochende Wasser erst zwei Minuten abkühlen.
Wann sind etwa zwei Minuten vorbei?

❖ Lange genug gezogen?
Wann ist die auf der Packung angegebene Zeit um?
Wie lange hat der Tee jetzt gezogen?

Telefonieren

❖ Eine Nummer im Telefonbuch zu suchen ist für Kinder gar nicht so einfach.
Wie lange brauchst du, um die Nummer zu finden?

❖ Nicht wieder stundenlang telefonieren!
Schreibe auf, wie lange du mit deiner Freundin, deiner Tante oder Oma telefonierst.

❖ Warte noch eine Stunde, dann ist das Telefonieren billiger!
Wann ist die Stunde um?

Tisch decken

❖ Gleich gibt's Essen.
Wie lange dauert es, bis der Tisch für das Frühstück/das Mittagessen/das Abendbrot gedeckt ist?

❖ Heute gibt's etwas zu feiern.
Wie lange brauchen wir, um den Tisch festlich zu decken?

Treppenhaus

- So viele Stufen!
  Wie lange brauchst du bis nach oben?
  Wie lange brauchen Oma oder Opa, Vater oder Mutter, größere oder kleinere Geschwister?

- In manchen Treppenhäusern schaltet sich das Licht automatisch wieder aus.
  Wie lange bleibt das Licht an?

Tunnel

- Nimmt der Tunnel denn gar kein Ende?
  Wie lange dauerte die Fahrt durch den Autotunnel?
  Wie lange dauerte die Zugfahrt durch den Tunnel?

Überholen

- Hier können wir überholen!
  Wie lange wird es dauern, bis wir das Auto/denTraktor/den Lastwagen überholt haben?
  Wie lange haben wir fürs Überholen gebraucht?

Uhrpendel

- Manche Uhren haben einen beweglichen Pendel.
  Wie lange braucht der Pendel, um 5-mal/10-mal von einer Seite zur anderen zu gelangen?

Umleitung

- Die Straße ist gesperrt. Wir müssen den gelben Umleitungs-Schildern folgen.
  Wie lange haben wir für den Umweg gebraucht?
  Normalerweise brauchen wir für die Fahrt zu diesem Ziel 20

Minuten/eine halbe Stunde/eine Stunde. Brauchen wir wegen der Umleitung länger?

Unordnung

- ❖ Wie das hier wieder aussieht!
  Wie lange wird es dauern, bis wir wieder Ordnung geschaffen haben?
  Wie lange haben wir fürs Aufräumen gebraucht?

Waschmaschine

- ❖ Die Waschmaschine ist voll.
  Wie lange läuft sie bei 30/60/90 Grad Waschtemperatur?

- ❖ Moderne Maschinen zeigen die benötigte Waschzeit im Display an.
  Wenn die Wäsche fertig ist, wollen wir sie sofort zum Trocknen aufhängen. Wann wird die angezeigte Zeit vorbei sein?

Wasser

- ❖ Wir kochen Wasser.
  Wie viel Zeit vergeht, bis der Wasserkessel/der Wasserkocher das Wasser zum Kochen gebracht hat?

- ❖ Wasser verdampft.
  Wie lange dauert es, bis ein Glas Wasser verkocht ist (im geöffneten Topf/im geschlossenen Topf)?

- ❖ Manchmal dauert es eine Weile, bis warmes Wasser aus der Leitung kommt.
  Wie lange dauert es, bis es endlich soweit ist?

- Der Wasserhahn tropft.
  Wie lange dauert es, bis ein Wassertropfen, der sich soeben am Hahn bildet, sich löst und ins Waschbecken fällt?

Wasserspülung

- *Wie lange läuft die Wasserspülung im WC?*

Wegstrecken

- Wer nicht zu spät kommen will, muss die Wegstrecken bei seiner Zeitplanung mit einbeziehen.
  Wie lang dauert der Weg zur Schule, zum (Schul-) Bus, zum Supermarkt, zu Oma, zum Freund/der Freundin?

Wellensittich

- Hansi kann wunderschön singen.
  Wie lange kann er singen, ohne Luft zu holen?

Würfelspiele

- Was spielen wir denn heute? Bei den meisten Spielen ist auf der Verpackung die ungefähre Spieldauer angegeben.
  Für welches der Spiele reicht die Zeit aus, die wir heute zur Verfügung haben?
  Wie lange hat das Spiel heute gedauert?
  Wie lange haben wir heute zusammen gespielt?

- Lass den Würfel mal ausrollen!
  Wie viel Zeit braucht ein Würfel, der von einem Tischende zum anderen ausrollen kann?
  Wie lange rollt er, wenn wir ihn auf dem Fußboden rollen lassen?

Xylophon

❖ Das Kind schlägt ein Plättchen des Xylophons an und lauscht dem Klang.
Wie lange klingt der Ton nach?

Zahlen schreiben

❖ Kinder lieben große Zahlen.
Eine 7-stellige Zahl - Wie lange brauchst du, um sie aufzuschreiben?

Zähne

❖ Zähneputzen nicht vergessen!
Wie lange hast du zum Zähneputzen gebraucht?

❖ Eigentlich sollst du dir 4 Minuten lang die Zähne putzen.
Wie lang ist das, 4 Minuten?

Zelt

❖ Heute könnten wir im Zelt schlafen.
Wie lange brauchen wir, um das Zelt aufzubauen?

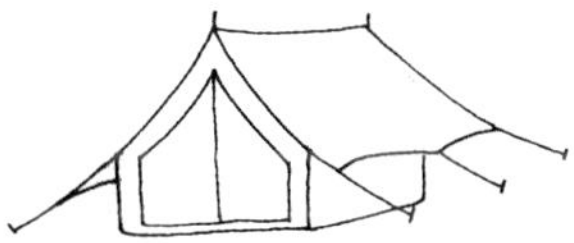

Zugfahrt

❖ Unser Zug hat Verspätung.
Wie lange haben wir auf den Zug warten müssen?

❖ Nächster Halt: Bremen!
Wie lange hat der Zug dort angehalten?

❖ An der nächsten Station steigen wir um.
Wie lange dauerte die Fahrt bis zum nächsten Bahnhof?

Zwiebeln schälen

❖ Ohne Tränen geht das nicht!
Wie lange kann man Zwiebeln schälen, bis die Tränen kommen?

Bei all diesen Aufgaben erfahren die Kinder ‚ganz nebenbei' auch etwas darüber, dass Zeit zwar objektiv messbar ist, subjektiv aber häufig ganz unterschiedlich erlebt wird. *„Noch 5 Minuten!"* - Wie lange kann das dauern, wenn das Kind auf etwas Schönes wartet oder mit einer im wahrsten Sinne des Wortes lang-weiligen Sache befasst ist; wie schnell kann aber die gleiche Zeit vergehen, wenn es gerade mit etwas Angenehmen beschäftigt ist oder etwas Schönes erlebt.

Mit Zeit umgehen

Tipps für eine gute Zeitplanung

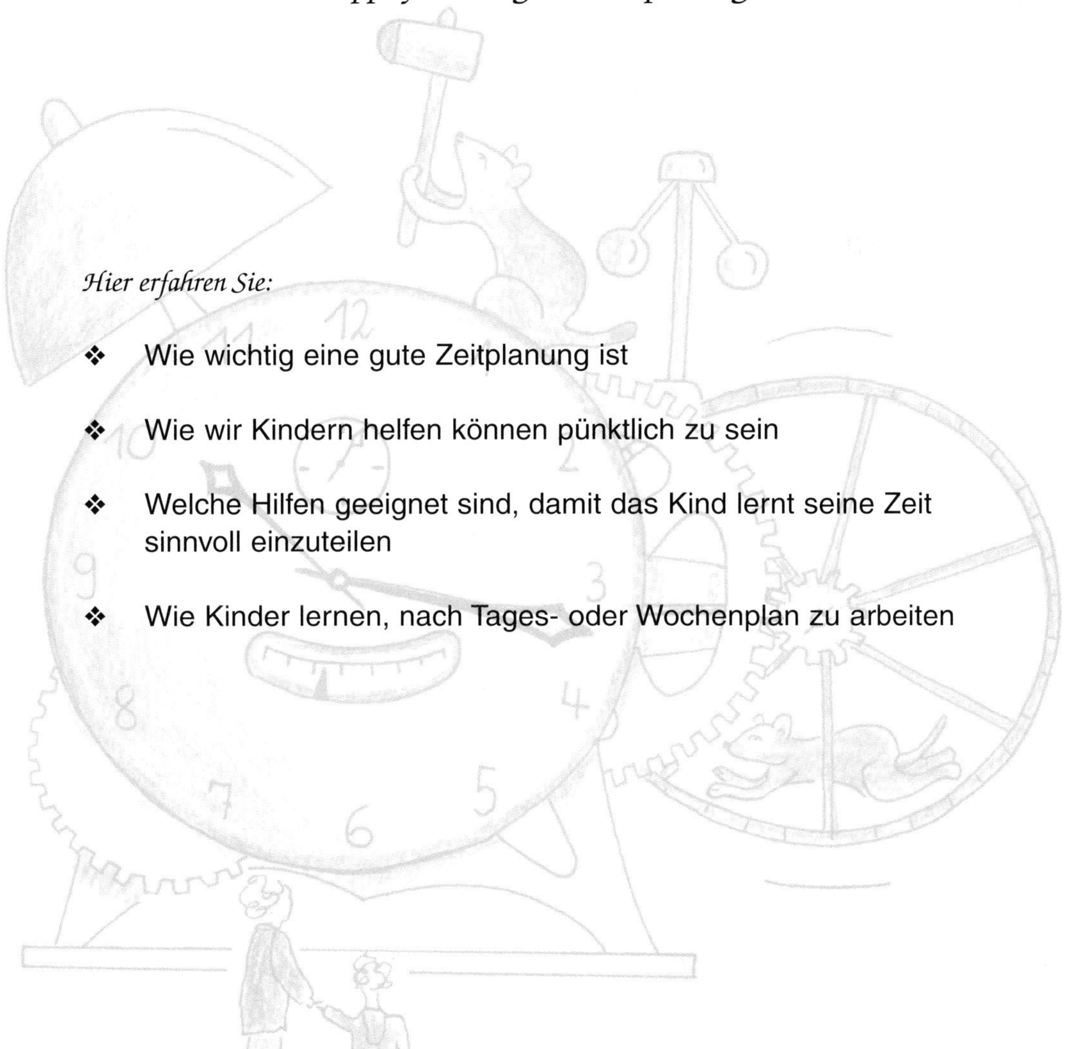

Hier erfahren Sie:

- ❖ Wie wichtig eine gute Zeitplanung ist
- ❖ Wie wir Kindern helfen können pünktlich zu sein
- ❖ Welche Hilfen geeignet sind, damit das Kind lernt seine Zeit sinnvoll einzuteilen
- ❖ Wie Kinder lernen, nach Tages- oder Wochenplan zu arbeiten

Durch richtige Zeitplanung kann *„nicht nur enorm viel Zeit (bis zu 60 oder gar 70 Prozent!) gespart, sondern auch Stress vermieden und so der Ertrag des Lernens vervielfacht“*[1] werden. Wenn das kein Grund ist, unseren Kindern alle erdenklichen Hilfen für eine gute Zeitplanung zu geben! Aber wie können wir helfen? Was brauchen Kinder, damit sie den sinnvollen Umgang mit ihrer Zeit lernen können?

Zunächst einmal brauchen sie Vorbilder; nicht selten aber erleben sie Erwachsene, die sich von der Uhr treiben und hetzen lassen. Sie bekommen mit, wenn der Vater oder die Mutter wieder einmal nicht alles geschafft haben, was sie sich für eine bestimmte Zeitspanne vorgenommen hatten. Und allzu oft geraten sie selbst auch mit hinein in dieses Räderwerk des Zeitdrucks.

Für jeden, der mit Kindern zu tun hat, lohnt es sich in doppelter Hinsicht, den eigenen Umgang mit der Zeit selbstkritisch zu hinterfragen. Ein gutes Vorbild hilft dem Kind, sowohl seinem eigenen Rhythmus gemäß leben zu können, als auch das eigene Verhalten notwendigen vorgegebenen Rhythmen anpassen zu können; gleichzeitig profitiert man selbst, indem man wieder mehr Zeit für sich selbst gewinnt.

Ein gutes Vorbild alleine reicht jedoch nicht immer aus. Geht es für das Kind darum, sich die zur Verfügung stehende Zeit sinnvoll einzuteilen, sind oft auch ganz konkrete Hilfen erforderlich.

1 Speichert, H.: Richtig üben macht den Meister. Wiesbaden 2001. S. 149

Auf den ‚Trick' den Wecker oder auch die Küchenuhr 5 bis 10 Minuten vorzustellen, sollte verzichtet werden. Zeigen die einzelnen Uhren im Haus unterschiedliche Zeiten an, wird das Kind unnötig verunsichert.

Wer weiß, dass es immer wieder Probleme mit der Zeit gibt, sollte lieber entsprechende sinnvolle Vorkehrungen treffen. Zu einer guten Zeitplanung gehört schließlich auch, pünktlich sein zu können. Pünktlichkeit ist nicht nur eine Frage der Höflichkeit; in vielen Bereichen - wie beim Arzt, beim Training oder bei Veranstaltungen ist ein geregelter Ablauf ohne feste Termine gar nicht möglich. Auch bei persönlichen Verabredungen sorgt Unpünktlichkeit für Ärger. Gründe genug also, Kinder zur Pünktlichkeit zu erziehen und ihnen die erforderlichen Hilfen zu geben, dieses Ziel auch erreichen zu können.

Hier ein paar Tipps:

Damit Stress am Morgen

nicht schon vorprogrammiert ist ...

Wer kennt das nicht: Es ist längst höchste Zeit, sich für die Schule fertig zu machen, aber das Kind liegt immer noch im Bett; dreimal hat die Mutter es nun schon gerufen - soll sie es ein viertes Mal tun? Mit dieser Weckmethode werden die Nerven der Eltern auf eine harte Geduldsprobe gestellt, zur Pünktlichkeit erzieht sie das Kind jedoch nicht; die Methode wirkt nur so lange, wie die Mutter dem Kind die Verantwortung abnimmt.

- Der eigene Wecker dagegen stellt das Kind selbst in die Verantwortung. Er sollte das gleiche Zifferblatt haben wie die Uhr, an der das Kind lernt und nicht direkt in Nähe des Bettes aufgestellt werden; so kann er nicht beim ersten Klingeln gleich ausgestellt werden.

❖ Nur wenige Menschen stehen sofort auf, wenn der Wecker klingelt; die meisten benötigen eine Zeit, bis sie das Klingelzeichen in seiner Bedeutung realisiert und die Konsequenz daraus gezogen haben. Es empfiehlt sich daher, auf dem Zifferblatt farbige Markierungspunkte aufzukleben, die dem Kind zeigen, wann es endgültig aufstehen muss („Wenn der große Zeiger auf den roten Punkt zeigt, wird es höchste Zeit aufzustehen.")

Damit das Kind pünktlich

zur Schule/zum Training/zum Flötenunterricht kommt ...

❖ Gleich nach Erledigung der Hausaufgaben wird die Schultasche gepackt und an einem festen Platz bereitgestellt.

❖ Schon am Vorabend packt das Kind die Sporttasche/die Musiksachen ein.

❖ Die Kleidung, die das Kind am nächsten Tag anziehen möchte, legt es schon am Vorabend zurecht.

❖ Für das Frühstücksbrot wird alles weitestgehend vorbereitet (Brot schneiden, Belag auswählen, Brotdose bereitstellen).

🕒 Auf der Küchenuhr wird mit einem farbigen Klebepunkt die Stelle markiert, an der der große Zeiger steht, wenn das Kind aus dem Haus gehen muss.

🕒 Das Kind wird darin unterstützt, zusammen mit einem oder mehreren Freunden zu gehen und Absprachen zu treffen:
Wer holt wen ab?
Um wie viel Uhr treffen wir uns?
Wann muss ich von zu Hause weggehen, um pünktlich am Treffpunkt zu sein?

Um den Zeitpunkt zu bestimmen, zu dem das Kind von zu Hause weggehen muss, sollte das ‚Rückwärtsdenken' geübt werden:
Um ... Uhr muss ich da sein.
Für den Weg brauche ich ... Minuten.
Fürs Frühstücken, Waschen, ... benötige ich ... Minuten
Hier sollten Zeitpuffer mit eingeplant werden für den Fall, dass das Kind seine Strümpfe nicht findet oder aus anderen Gründen länger braucht als üblich.

Diese Form des Zurückrechnens der Zeit stellt sehr hohe Anforderungen an das Kind; ähnlich wie beim Minus-Rechnen können hier innere Blockaden entstehen. Es ist daher wichtig, unbedingt Veranschaulichungshilfen zu nutzen. So kann das Kind die Zeit beispielsweise an einer Lernuhr tatsächlich zurückdrehen oder aber sich ein entsprechendes Bild malen, auf dem der gesamte Ablauf zu sehen ist. Angefangen bei der Ankunft malt es zu jeder Station ein Zifferblatt, auf dem es die jeweilige Uhrzeit einzeichnet.

- Für manche Kinder ist eine Armbanduhr mit Weckerfunktion sinnvoll. Sie erinnert daran pünktlich wegzugehen oder aber am Nachmittag pünktlich nach Hause zu kommen.

Damit das Kind an feste Termine

nicht immer wieder erinnert werden muss ...

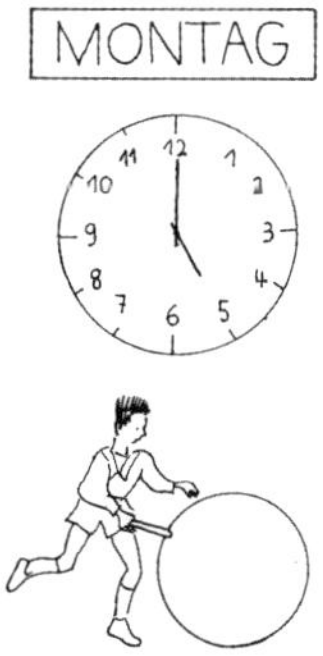

Mit dem Kind einen ‚Wochenplan' gestalten: Unter den Namen der Wochentage hängen kleine Zettelchen mit den festen Terminen, z.B.: Montag - 17.00 Uhr Turnen, Dienstag - 16.00 Uhr Flötenunterricht. Bei jüngeren Kindern kann statt der Uhrzeit ein Zifferblatt aufgehängt werden, auf dem die Zeiger entsprechend eingezeichnet oder eingestellt sind; für die einzelnen Vorhaben gestaltet das Kind jeweils ein Bild.

- An diesem Wochenplan erkennt das Kind auch, wann Zeit für Verabredungen mit Freunden bleibt. Für diese Verabredungen kann es dort ebenfalls Zettel aufhängen.

Damit das Kind die Hausaufgaben- oder Übungszeit gut einteilen und sinnvoll nutzen kann ...
helfen ihm die folgenden Tipps:

- Verabredungen mit Freunden variabel treffen, damit beim Erledigen der Hausaufgaben kein Zeitdruck entsteht:
  Ich rufe dich an, wenn ich später komme.
  Ich komme zwischen vier und fünf Uhr. ...

- Den Platz, an dem gearbeitet wird, so wählen, dass Ablenkungen vermieden werden können.

- Bücher, Hefte, Stifte und andere erforderliche Materialien an einem festen Platz bereit halten, damit keine zusätzlichen Zeiten fürs Suchen anfallen.

- Vor Beginn der Arbeit einen Plan erstellen, für den die folgenden Fragen beantwortet werden:
  Welche Aufgaben sind zu bearbeiten?
  Wie viel Zeit werde ich dafür voraussichtlich brauchen?
  Welche Aufgaben sind schwierig, welche leichter?
  In welcher Reihenfolge bearbeite ich die Aufgaben?
  Was brauche ich zur Bearbeitung der einzelnen Aufgaben?
  Wann baue ich eine Bewegungspause ein?

- Die Planung visualisieren; eine Tafel, eine mit Tafelfarbe bemalte Merkwand oder die mit Tafelfolie beklebte Zimmertür bieten sich hierfür besonders an. Nach Beendigung aller Arbeiten kann der Tagesplan ausgewischt werden, und es ist wieder Platz für die Planung des nächsten Tags.

- Zunächst die Aufgaben erledigen, die leicht fallen und daher einen überschaubaren Zeitraum beanspruchen. Nach dem ersten Erfolgserlebnis fällt es leichter, sich mit einer schwierigeren und zeitaufwändigeren Aufgabe zu befassen.

- Sich immer wieder selbst kontrollieren:
  Wie viel Zeit habe ich tatsächlich für die einzelnen Arbeiten benötigt?
  Hilfreich ist es, das Ende der vermuteten Zeitspanne auf dem Zifferblatt einer Uhr zu kennzeichnen, um dann hinterher anschaulich vor Augen zu haben, ob die geschätzte Zeit unter- oder überschritten wurde.

- Nach Erledigung einer Aufgabe den entsprechenden Eintrag im Aufgabenbuch abhaken und sämtliche dazu gehörigen Materialien wegräumen. Zu sehen, wie der ‚Aufgaben-Berg' abgearbeitet und weggeschafft wird, vermittelt Erfolgserlebnisse.

- Um einen Überblick über die Zeit zu haben, die bis zur nächsten Klassenarbeit zur Verfügung steht, einen Monatsplan anfertigen; hier wird vermerkt, wann welche Arbeit geschrieben wird und an welchen Tagen das Kind sich darauf vorbereiten möchte. Auch sonstige Vorhaben (wie z.B. Geburtstage, Trainingstermine usw.) werden dort eingetragen.[1]

Damit das Kind genügend Freizeit
im Tagesablauf zur Verfügung hat ...

- Am Vorabend mit dem Kind besprechen, was der nächste Tag bringen wird und wie viel freie Zeit zur Verfügung steht. So kann es den Tag besser strukturieren.

- Am Abend auch einen Rückblick auf den vergangenen Tag halten. Das Kind fragt sich:

[1] Vgl. hierzu auch: Aust-Claus, E./Hammer, P.-M.: Auch das Lernen kann man lernen. Ratingen 2001. S. 140ff

Habe ich das erreicht, was ich mir vorgenommen hatte?
Wie habe ich meine ‚freie Zeit' gestaltet?
Was hat mir an diesem Tag gefallen, was hat mich geärgert?

Wenn Kinder in der Schule
nach Tages- oder Wochenplan arbeiten ...

können die folgenden Einteilungshilfen hilfreich sein:

- Die einzelnen zu erledigenden Aufgaben werden - je nach dem dafür erforderlichen Zeitaufwand - mit einer unterschiedlichen Punktzahl versehen:
  3 Punkte = Aufgaben, die besonders viel Zeit erfordern
  2 Punkte = Aufgaben, die etwas weniger Zeit beanspruchen
  1 Punkt = Aufgaben, die besonders schnell erledigt sind.

- Statt mit Punkten können diese Aufgaben auch mit unterschiedlichen Farbmarkierungen versehen werden.
  Rot = Aufgaben, die einen hohen Zeitaufwand erfordern
  Gelb = Aufgaben, die in einer etwas kürzeren Zeitspanne zu erledigen sind
  Grün = Aufgaben mit besonders geringem Zeitbedarf.

- Unter Berücksichtigung der den einzelnen Aufgaben zugeordneten Punkte plant das Kind den Tag/die Woche:
  In ein leeres Stundenplan-Raster trägt es sich ein, wann es welche Aufgabe bearbeiten bzw. erledigen möchte. Während der Arbeit am Plan kann es nun immer wieder kontrollieren, ob es "gut in der Zeit" liegt.

Schon mit solch kleinen Kniffen kann es Kindern gelingen, ihre Zeit besser in den Griff zu bekommen und nicht unter Zeitdruck zu geraten. Das ist im wahrsten Sinne des Wortes ent-spannend, und zwar für Kinder und Eltern!

Zeit messen
früher und heute

Warum das Ablesen unserer Uhr gar nicht so einfach ist

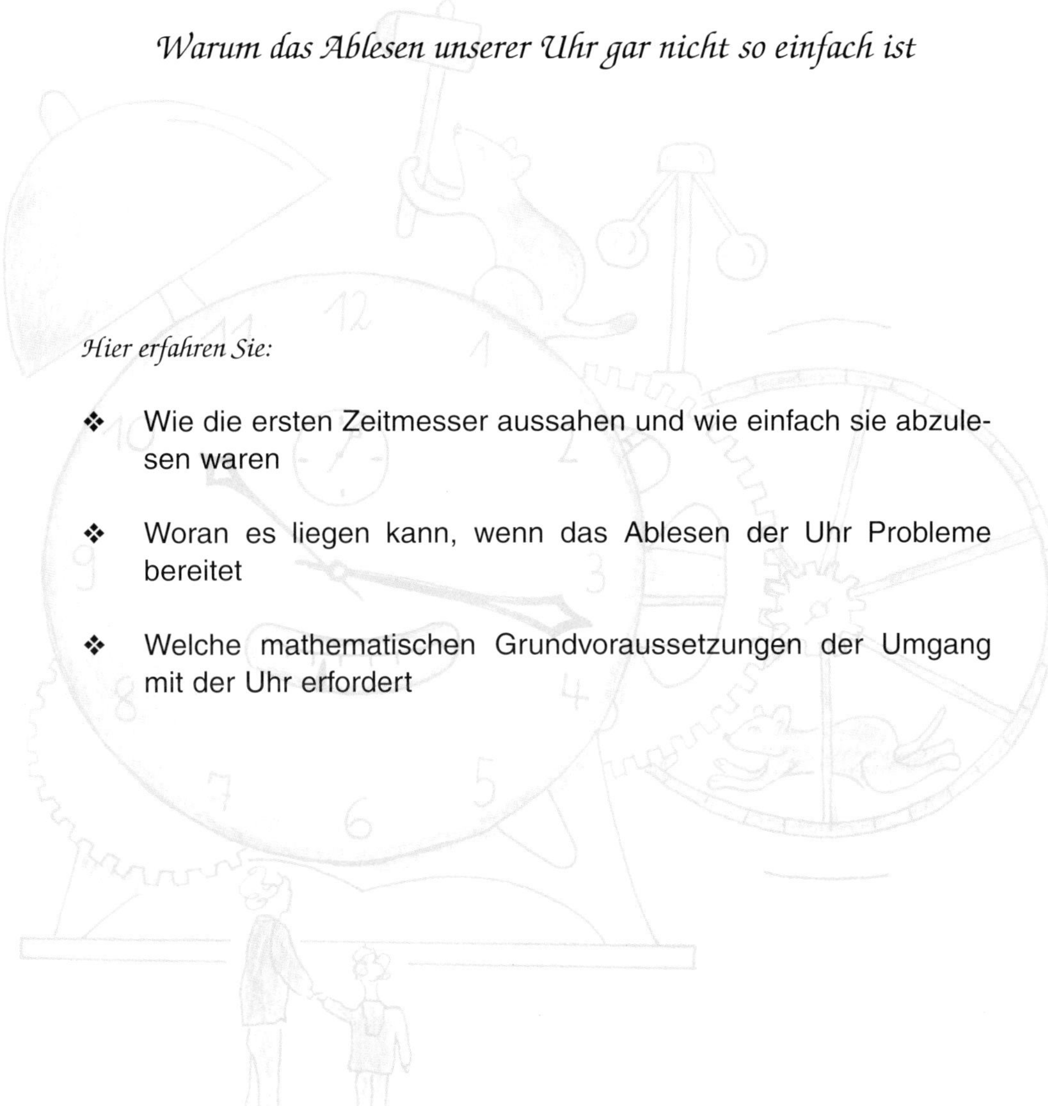

Hier erfahren Sie:

- ❖ Wie die ersten Zeitmesser aussahen und wie einfach sie abzulesen waren
- ❖ Woran es liegen kann, wenn das Ablesen der Uhr Probleme bereitet
- ❖ Welche mathematischen Grundvoraussetzungen der Umgang mit der Uhr erfordert

So lange das Leben noch nicht in dem Maße von der Zeit bestimmt wurde wie heute, kam es bei Zeitangaben nicht auf die Genauigkeit an, die wir heute gewöhnt sind. Die ersten Zeitmesser dienten lediglich dem Zweck, die Zeit in regelmäßige Abschnitte zu unterteilen und waren ganz einfach abzulesen.

Die **Seiluhr,** die im alten China erfunden wurde, bestand aus einem in Öl getränkten Strick, bei dem in regelmäßigen Abschnitten Knoten angebracht waren; dieser Strick wurde dann angezündet. Ein Soldat, der Wache hielt, wurde beispielsweise abgelöst, nachdem 10 Knoten abgebrannt waren.

Bei der **Kerzenuhr**, die um 870 nach Christus in England erfunden wurde, waren an der Kerze in regelmäßigen Abständen Markierungsringe angebracht. War ein Abschnitt abgebrannt, so war etwa eine Stunde vergangen.

Die **Öluhr**, mit der später dann die Zeit gemessen wurde, war gleichzeitig eine Öllampe. An dem Behälter, der mit Öl gefüllt werden konnte, waren waagerechte Markierungsstriche angebracht; am Ölverbrauch konnte man so den Ablauf der Zeit erkennen.

Auch die erste **Wasseruhr** - eine einfache Schüssel mit einem Loch am unteren Rand - funktionierte nach dem gleichen Prinzip. Im Deutschen Museum in München ist eine Nachbildung dieser Uhr zu sehen.

Sanduhren gibt es auch heute noch. Je nachdem, wie viele Minuten die Uhr messen soll, befindet sich eine entsprechende Menge Sand darin, der beim Umdrehen vom oberen in den unteren Teil des Glasbehälters rieselt. In der Küche wurden Sanduhren inzwischen meist durch Kurzzeitwecker abgelöst, in manchen Gesellschaftsspielen sind sie aber noch zu finden. Zum Messen kurzer

Zeitabschnitte von 2 bis 5 Minuten stellen sie eine sinnvolle - weil sichtbare - Alternative zur Stoppuhr dar.

Unter den ersten Uhren war die **Sonnenuhr** die einzige mit einem Zifferblatt. Aber auch hier kam es beim Ablesen nicht auf die Genauigkeit an, wie sie heute erforderlich wird. Der Schatten ihres Stabs war der Stundenzeiger, einen Minuten- oder gar Sekundenzeiger gab es nicht. Gerade deshalb aber lohnt es sich, mit Kindern eine Sonnenuhr aufzusuchen oder selbst eine mit ihnen zu bauen. Ohne von anderen Dingen - wie einem zweiten Zeiger oder Minutenstrichen - abgelenkt oder verwirrt zu werden, können die Kinder hier alles über die Funktion des Stundenzeigers erfahren.

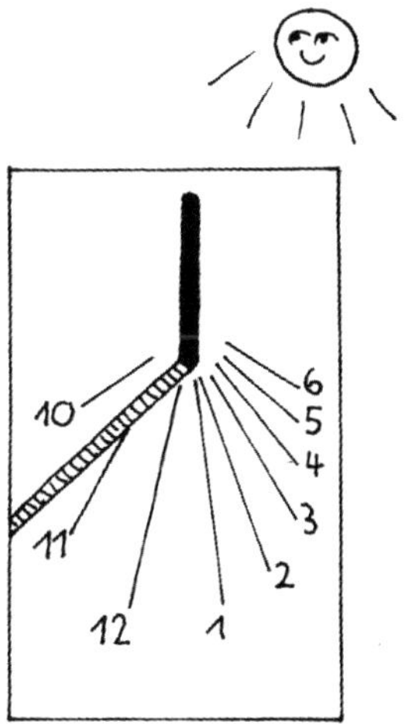

Woran es liegen kann,

wenn dem Kind das Ablesen der Uhr Probleme bereitet

Im Kapitel ‚Zeit erfahren - Zeit strukturieren' wurde bereits deutlich, dass das Messen der Zeit allein deshalb schon so schwierig ist, weil sie ein abstraktes Phänomen ist und eben nicht - wie Gewichte, Längen- und Hohlmaße - über Körpererfahrungen direkt zu begreifen ist. Aber auch wenn Kinder genügend Möglichkeiten hatten, Zeiterfahrungen zu sammeln und sie ein Zeitbewusstsein entwickeln konnten, kann es sein, dass ihnen das Ablesen der Uhr Probleme bereitet. Woran kann das liegen?

Nun, im Vergleich mit früheren Zeitmessern wird schon ein möglicher Grund erkennbar. Da heute viel genauere Zeitangaben üblich sind, messen wir die Zeit nicht nur in einer Maßeinheit, sondern in mehreren - Stunden, Minuten und mitunter auch Sekunden; demzufolge brauchen wir natürlich auch mehr als einen Zeiger. Allein das kann schon für Verwirrung sorgen.

Hinzu kommen noch weitere besondere Schwierigkeiten, die beim Ablesen der Uhr zu meistern sind:

- **Die Begriffe VOR und NACH müssen sicher verwendet werden können.**
  Kindern mit einer Störung der Raum-Lage-Wahrnehmung gelingt das schon bei einer linearen Abfolge (z.B. am Zahlenstrahl oder bei den Wörtern eines Satzes) oft nicht. Beim Zifferblatt tritt die Schwierigkeit hinzu, dass die Zahlen im Kreis angeordnet sind; um hier VOR und NACH sicher anwenden zu können, muss die Bewegung im Uhrzeigersinn vor dem geistigen Auge nachvollzogen werden können. Hierzu bedarf es vielfältiger konkreter Erfahrungen dieser Bewegungsrichtung.

- **Schon innerhalb einer Hälfte des Zifferblatts wechseln im Deutschen die Begriffe VOR und NACH und auch die Stundenangaben.**
  War es vor einer Minute 20 nach 10, dann sagen wir jetzt nicht *21 nach 10*, sondern 9 Minuten vor halb 11. Befindet sich der Minutenzeiger in der zweiten Hälfte des Zifferblatts, dann ist es *nicht 31 Minuten nach 10 und auch nicht 29 Minuten vor 11, sondern 1 Minute* ***nach halb 11***; einige Minuten später wiederum sagen wir nicht *10 nach halb 11, sondern 20 vor 11.* Im Englischen ist das einfacher: Für alle Zeiten der rechten Hälfte gilt NACH (PAST), für die der linken Hälfte VOR (TO).

- **Durch die Bewegung der Zeiger verändert sich auf dem Zifferblatt ständig das Bild.**
  Aber selten werden diese Veränderungen konkret beobachtet; wer sitzt schon längere Zeit vor einer Uhr, um den Zeigern zuzuschauen.

Auch diese stetigen Veränderungen machen die Uhr zu einem äußerst schwierigen Lerngegenstand. Durch die ähnlichen Bilder, die nacheinander zu sehen sind, entsteht Verwirrung; es kann zu einer sogenannten ‚Ähnlichkeitshemmung' kommen, die das Lernen erschwert oder gar verhindert.

❖ **Ähnliche Bilder bei ganz unterschiedlichen Uhrzeiten erfordern eine sehr differenzierte visuelle Wahrnehmungsfähigkeit.**

5 Minuten vor 2 Uhr oder 10 Minuten nach 11 Uhr?

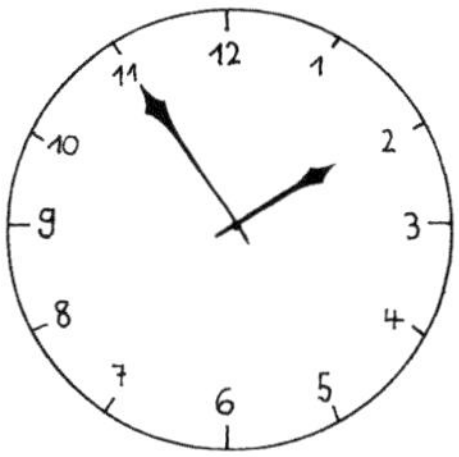

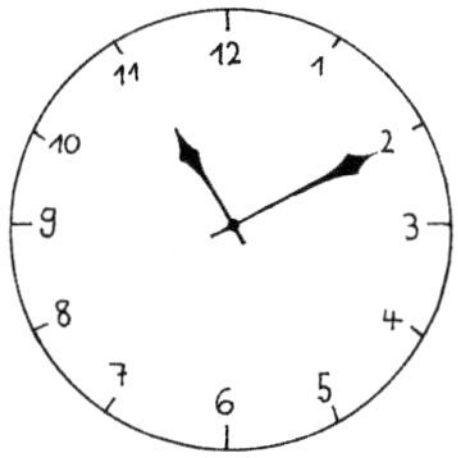

Bei beiden Uhrzeiten ist das Bild auf dem Zifferblatt sehr ähnlich; um die richtige Zeit zu erkennen, muss das Kind den großen und den kleinen Zeiger eindeutig identifizieren können.

❖ **Auch die Zahlen auf dem Zifferblatt können für Verwirrung sorgen.**

Mit Hilfe der Zahlen 1-12 misst der kleine Zeiger die Stunden; zeigt er genau auf die 2, ist es 2 Uhr. Zeigt der große Minutenzeiger aber auf die 2, dann sind nicht 2 Minuten seit der vollen Stunde vergangen, sondern 10 Minuten.

❖ **Für die Angabe der Uhrzeit existieren unterschiedliche Schreib- und Sprechweisen nebeneinander.**

Im Radio hören wir: Es ist 20 Uhr 45, in der Programmzeitschrift ist das als 20.45 Uhr notiert; zu Hause hört das Kind dann: *Die Sendung kommt heute um Viertel vor 9* oder - je nachdem in welcher Region es lebt - *um Dreiviertel 9.*

Es genügt nicht, nur eine der üblichen Sprechweisen zu kennen; im täglichen Leben ist immer wieder ‚Übersetzungsarbeit' gefragt. Und die muss - ähnlich wie beim Fremdsprachenlernen - durch Lernen der entsprechenden ‚Vokabeln' geübt werden; allerdings - und das erschwert die Sache zusätzlich - gibt es nicht nur eine Vokabel, sondern gleich mehrere für ein und dieselbe Zeit. Wie verwirrend das sein kann, wird sicher deutlich, wenn man sich vorstellt, für einen bestimmten Gegenstand - beispielsweise einen Tisch - wären 3 verschiedene Bezeichnungen üblich: Einer sagt ‚*Tisch*', der Nächste ‚*Tasche*' und der Dritte ‚*Bett*'; es gehört nicht viel Fantasie dazu sich auszumalen, wie entnervt wir selbst bald wären, wenn wir uns immer wieder mit solcherlei Anforderungen konfrontiert sähen.

Mathematische Grundvoraussetzungen
für den Umgang mit der Uhr

Abgesehen von den besonderen Schwierigkeiten, die beim Ablesen der Uhr zu meistern sind, erfordert der Umgang mit der Uhr auch bestimmte mathematische Grundvoraussetzungen. Bereitet das Ablesen der Uhrzeiten oder auch das Berechnen von Zeitpunkten oder Zeitspannen dem Kind Probleme, kann dies auch im Fehlen einer oder mehrerer dieser Voraussetzungen begründet sein.

- **Sichere Orientierung im Zahlenraum bis 60**
  Das Kind erfährt: 60 Minuten braucht der große Zeiger, bis er einmal ganz um das Zifferblatt herumgewandert ist. Soll es bestimmen, wie viele Minuten seit der vollen Stunde bereits vergangen sind, muss es den Zahlenraum bis 60 beherrschen; es muss sicher von 1 bis 60 zählen können. Wenn es mit digital notierten Uhrzeiten zurecht kommen will, muss es in der Lage sein die Zahlen richtig zu lesen, muss auch die Nachbareiner und Nachbarzehner kennen.

- **Addieren, Subtrahieren und Ergänzen im Zahlenraum bis 60**
  Wenn es darum geht zu berechnen wie lange es noch dauert, bis die angebrochene Stunde zu Ende ist oder wie viel Uhr es nach einer bestimmten Zeitspanne ist, dann muss das Kind in der Lage sein, Operationen im Zahlenraum bis 60 durchzuführen, d.h. es muss ergänzen, addieren und auch subtrahieren können.

- **Zählen in 5-er-Schritten**
  Das Kind muss wissen: Von einem ‚Stundenpunkt' des Zifferblatts bis zum nächsten sind es 5 Minuten. Erst wenn es die Zahlen der 5-er-Reihe sicher beherrscht, braucht es die Minutenstriche nicht mehr einzeln abzuzählen, sondern weiß dann: Ist der Minutenzeiger zwei Stundenpunkte weiter gelaufen, sind 10 Minuten vergangen, wieder einen später 15 Minuten usw.; dies ist eine wichtige Voraussetzung zum Bestimmen von Zeitspannen, aber auch von Zeitpunkten.

- **Zahlzerlegung**
  Der Film dauert 90 Minuten; kann das Kind die Zahl 90 zerlegen in 60 und 30 und weiß es, dass 30 Minuten die Hälfte von 60 Minuten sind, dann weiß es auch, dass 90 Minuten 1 ½ Stunden sind; erst dann kann es beispielsweise berechnen, wann der Film zu Ende sein wird.

- **Räumliches Denkvermögen**
  Für den sicheren Umgang mit der Uhr ist räumliches Denkvermögen unerlässlich. Das Kind muss eindeutig zwischen oben und unten, rechts und links, davor und dahinter unterscheiden können, um die Stellung der Zeiger klar erkennen und interpretieren zu können. Zudem muss es in der Lage sein, die Bewegung im Uhrzeigersinn in der Vorstellung nachzuvollziehen; nur dann kann es beispielsweise voraussagen, wo der Minutenzeiger in 10 Minuten stehen und wie viel Uhr es dann sein wird.

- **Bedeutung der Bruchteile Viertel, Dreiviertel und Halbe**
  Diese Bruchzahlen kommen sowohl in Uhrzeiten als auch in der Benennung von Zeitspannen vor; um die Begriffe mit Inhalt füllen zu können, braucht das Kind konkrete Erfahrungen mit den entsprechenden Bruchteilen. Nur dann ist es auch in der Lage, die Begriffe selbst sinnvoll anwenden zu können.

Umrechnungen von Stunden in Minuten oder von Sekunden in Minuten, wie sie in vielen Mathematikbüchern vorkommen, sind im täglichen Leben selten gefragt; für den Umgang mit der Uhr muss das Kind die Zahlen der 60-er-Reihe daher nicht unbedingt kennen.

Je nachdem, wo beim einzelnen Kind die Ursachen für Schwierigkeiten im Umgang mit der Uhr liegen, bedarf es unterschiedlicher Übungsangebote. Eine Vielzahl entsprechender sinnvoller Angebote finden sich im folgenden Kapitel ‚Zeit zum Üben'.

Zeit zum Üben

Wie man das Ablesen der Uhr richtig und sinnvoll üben kann

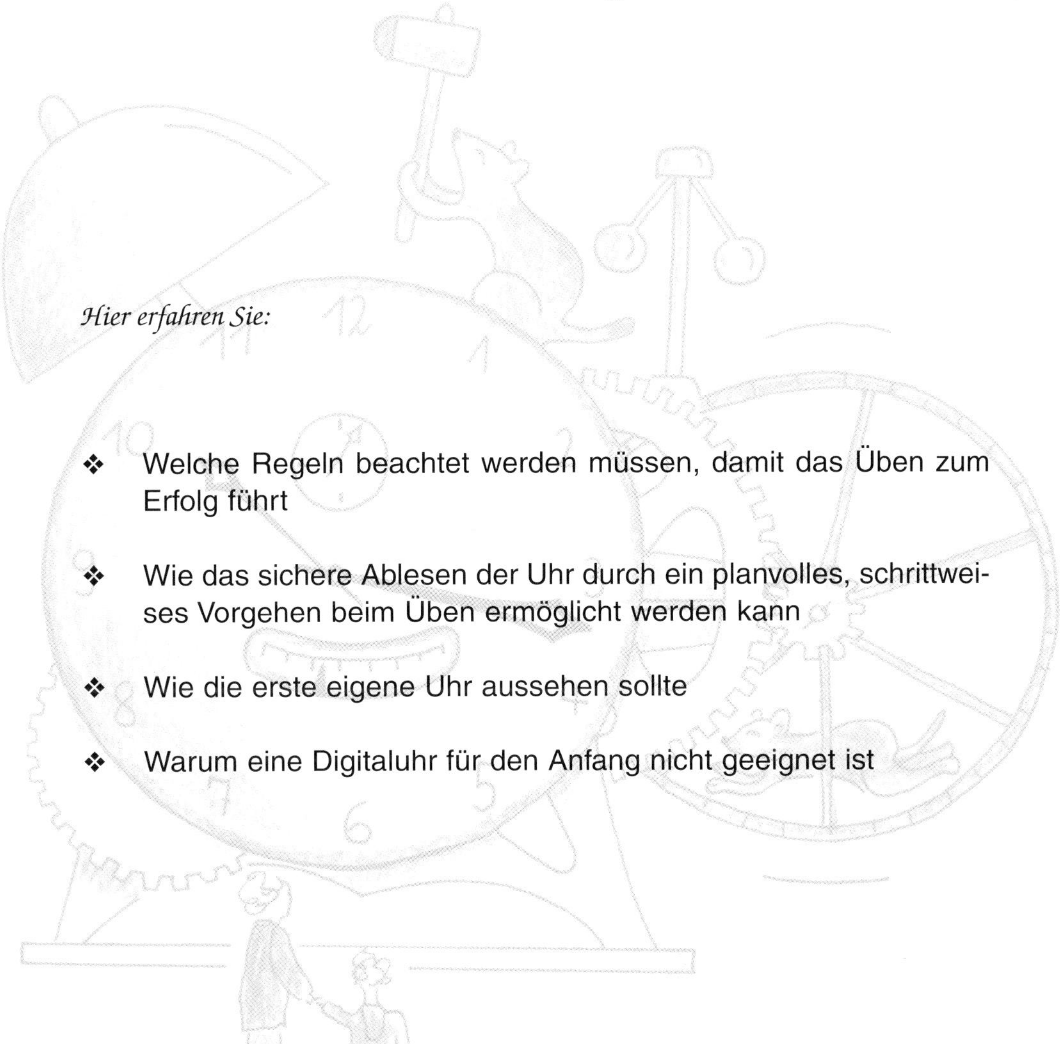

Hier erfahren Sie:

- Welche Regeln beachtet werden müssen, damit das Üben zum Erfolg führt
- Wie das sichere Ablesen der Uhr durch ein planvolles, schrittweises Vorgehen beim Üben ermöglicht werden kann
- Wie die erste eigene Uhr aussehen sollte
- Warum eine Digitaluhr für den Anfang nicht geeignet ist

Ü*bung macht den Meister!* heißt es zwar, aber das stimmt nur bedingt; auf das richtige Üben kommt es an! Werden beim Üben bestimmte Regeln beachtet, die sich aus den Erkenntnissen lernbiologischer Forschung ergeben, kann nichts mehr schief gehen; Lernerfolge sind dann garantiert.

1. Regel: Stress vermeiden!

Durch Stress entstehen Blockaden im Gehirn, die Lernerfolge verhindern und oft sogar dafür sorgen, dass bereits Gekonntes wieder verlernt wird.

❖ Vermeiden Sie ‚Abfrage'-Situationen, in denen beim Kind Angst vor Fehlern entstehen kann!

❖ Üben Sie vom Leichten zum Schweren! Beginnen Sie mit dem Ablesen voller Stunden; erst wenn das Kind hierbei sicher ist, übt es das Ablesen halber Stunden, später dann Viertelstunden und so weiter.

❖ Geben Sie dem Kind so viele anschauliche Hilfen wie es benötigt!

❖ Vergleichen Sie das Kind nie mit Anderen! („Patrick kennt aber schon die Uhr!") Setzen Sie an seinen Stärken an und machen Sie ihm Mut, dass es Neues noch lernen kann!

2. Regel: Monotonie vermeiden!

Auch Monotonie beim Üben verhindert Lernen und trägt häufig sogar dazu bei, dass sich die Einstellung zum Lernstoff und zum Lernen an sich negativ entwickelt.

Gestalten Sie die Übungssituationen so, dass keine Langeweile aufkommt! Bringen Sie beispielsweise eine Handpuppe ins Spiel, die versucht, das Ablesen der Uhr zu üben und der das Kind dabei helfen kann.

Üben Sie nicht ‚am Stück', sondern nutzen Sie alltägliche Situationen, in denen es für das Kind Sinn macht, die Uhrzeit abzulesen. („Um 5 Uhr kommt Papa nach Hause. Dauert das noch lange? Wie spät ist es denn jetzt?")

Stellen Sie zusammen mit dem Kind ein eigenes Uhrzeiten-Spiel her! Im Lehrmittel-Handel gibt es einen Stempel, mit dem das Kind Zifferblätter auf Karten drucken kann; anschließend zeichnet es selbst die Zeiger ein. Egal, ob hinterher mit diesen Karten Memory, Lotto, Bingo oder auch ein Ratespiel gespielt wird: Mit dem selbst erstellten Spielmaterial macht das viel mehr Spaß als mit gekauften Karten.

3. Regel: Nicht Ähnliches gleichzeitig üben!

Wenn Ähnliches gleichzeitig geübt wird, führt das zu totaler Verwirrung, es entsteht die sogenannte ‚Ähnlichkeitshemmung' (Ranschburg-Phänomen).

❖ *5 vor halb* oder *5 nach halb*?

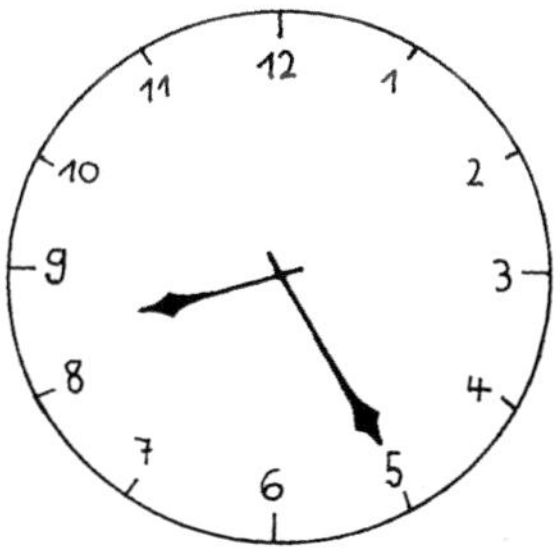

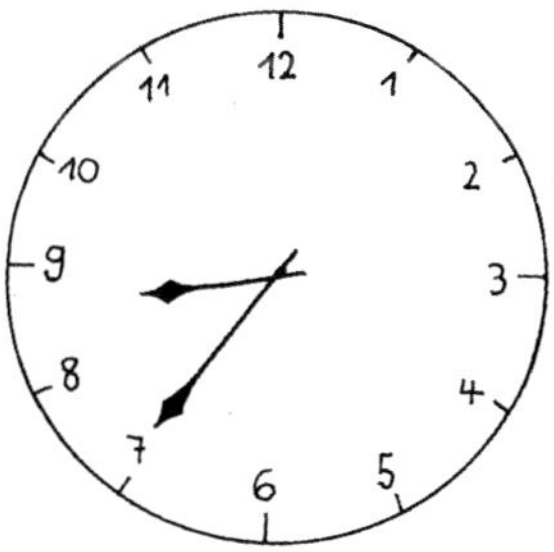

Bevor das Kind diese ähnlich lautenden Zeiten sicher ablesen kann, muss es ausreichend Gelegenheit gehabt haben, sie getrennt voneinander zu üben.

❖ *11 Uhr* oder *5 vor 12*? Diese beiden Zeitangaben hören sich zwar ganz anders an, die Zeigerstellung ist aber ähnlich, im einen Fall zeigt der große Zeiger auf die 12 und der kleine auf die 11, im anderen ist es umgekehrt. Wer das zur gleichen Zeit lernen soll, wird völlig verwirrt.

Genau so ist es natürlich bei allen anderen Zeiten; nur anhand der deutlichen Unterscheidung zwischen kleinem und großem Zeiger kann eine Verwechslung vermieden werden. Lenken Sie daher die Aufmerksamkeit des Kindes zunächst nur auf **einen** Zeiger, am besten in spielerischer Form:

Welches Kind spielt nicht gerne Detektiv? Also legen Sie mal einen ‚Detektiv-Tag' ein und spielen ‚Wo ist der kleine Zeiger denn jetzt?' In unregelmäßigen Abständen bekommt das Kind über den ganzen Tag verteilt immer mal wieder den Auftrag zu schauen, wo dieser Zeiger gerade steckt. Als gewissenhafter Detektiv hält es sein Nachforschungsergebnis vielleicht in einem Beobachtungsbuch fest: Es stempelt ein Zifferblatt und malt den kleinen Zeiger entsprechend ein. Was es entdeckt hat, lässt sich auch berichten: „Der kleine Zeiger steht zwischen der 4 und der 5. Um 4 Uhr ist er von der 4 aus losgegangen. Bis 5 Uhr hat er nicht mehr sehr weit zu gehen."

4. Regel: Handelndes Lernen ermöglichen!

Kinder lernen anders als Erwachsene; sie müssen handelnd Erfahrungen machen können, um begreifen und behalten zu können. Erst wenn sie ausreichend Gelegenheit zu konkretem Tun hatten und die Wirklichkeit immer wieder anfassen und erfahren konnten, ist in ihrem Kopf ein Bild der Wirklichkeit entstanden, so dass sie die Dinge von allen Seiten kennen und nun auch losgelöst von der Wirklichkeit denken und lernen können.[1]

1 Vgl.Speichert, H.: Richtig üben macht den Meister. Wiesbaden 2001. S. 55

Die Stellung der Zeiger zu bestimmten Uhrzeiten lassen sich auf unterschiedliche Art handelnd erfahren, z.B. durch

- Darstellung der Zeiger durch das Kind auf einem großen - auf den Boden aufgemalten - Zifferblatt
- Einzeichnen der Zeiger in selbst gestempelte Zifferblätter
- Richtiges Einstellen der Zeiger an einer Lernuhr
- Malen verschiedener Uhren für den eigenen Tages- oder Wochenplan.

Anregungen hierzu finden Sie in den folgenden praktischen Beispielen.

Die besonderen Schwierigkeiten,

die beim Ablesen der Uhr zu meistern sind, erfordern ein planvolles, schrittweises Vorgehen beim Üben.

Die einzelnen Lernschritte zum sicheren Ablesen der Uhr, die wir nun hier darstellen, verstehen sich als Gesamtangebot; nicht **alle** Schritte müssen von **allen** Kindern gemacht werden. Jeder kann sich aus diesem Trainingsprogramm das herausnehmen, was auf das betreffende Kind/die jeweiligen Kinder zutrifft; entscheidend ist, was das Kind bereits kann und was nicht. Auch die Dauer des Verweilens bei den einzelnen Lernschritten richtet sich nach dem Vorwissen, den Vorerfahrungen und der Aufnahmefähigkeit des betreffenden Kindes. Natürlich soll - wie weiter oben ja bereits dargelegt - nicht stundenlang geübt werden; die Übungen sind vielmehr bei sich bietenden Anlässen ganz natürlich ins Alltagsgeschehen zu integrieren.

Schritt 1: VOR oder NACH?

Unabdingbare Voraussetzung für das Zurechtfinden auf dem Zifferblatt und das richtige Ablesen der Uhrzeiten ist der sichere Umgang mit den Begriffen VOR und NACH, wobei die besondere Schwierigkeit darin besteht, dass diese Begriffe sowohl eine räumliche als auch eine zeitliche Dimension haben. Zum einen muss die räumliche Beziehung der beiden Zeiger zueinander, zu den Ziffern und zum Betrachter entschlüsselt, zum anderen aber auch die Bewegung der Zeiger im Raum - also die zeitliche Dimension - mit einbezogen werden.

Wie schwierig der richtige Gebrauch der Begriffe VOR und NACH ist, mag das folgende Beispiel verdeutlichen:

Ließen wir die Zahlen des Zifferblatts durch Personen darstellen, dann sähe der Darsteller der 4 die Zahlen 5, 6, ... **vor** sich; vor 4 Uhr ist es aber nicht 5 oder 6 Uhr, sondern 3 Uhr. Dies kann nur über die Bewegung im Raum erfahren werden. Um diese Erfahrung zu fördern, ist es hilfreich, zunächst zu fragen: *Welche Zahlen besuche ich,* ***bevor*** *ich zur 4 komme, welche,* ***nachdem*** *ich dort war?*

Kinder, deren Raum-Lage-Wahrnehmungsfähigkeit beeinträchtigt ist oder die generell mit den Begriffen VOR und NACH nicht sicher umgehen können, müssen zunächst Gelegenheit bekommen, diese Begriffe zu festigen, bevor mit dem Ablesen der Zeiten begonnen wird. Die folgenden Hilfen bieten sich an:

- Vorher oder nachher? - Ein Spiel für Zwei
  Zahlenkarten von 1 bis 12 oder von 1 bis 24 werden linear in aufsteigender Reihenfolge verdeckt ausgelegt. Zusätzlich benötigt werden 2 farbige Setzsteine. Der erste Spieler stellt seinen Setzstein auf eine beliebige Karte, dreht sie um, liest die ‚Hausnummer' seiner ‚Wohnung' vor und fragt: *Bei welcher*

Hausnummer stehst du, bevor du zu mir kommst? Oder: ... *nachdem du bei mir warst?* - Um eine Ähnlichkeitshemmung zu vermeiden, sollten ‚bevor' und ‚nachdem' getrennt voneinander geübt werden. Der zweite Spieler stellt seinen Setzstein auf das Feld davor (bzw. danach) und nennt die entsprechende Hausnummer. Zur Kontrolle dreht er die jeweilige Karte um. Für jede richtig genannte Zahl gibt es einen Punkt; erreicht ein Spieler die vorher festgelegte Punktzahl erhält er ein VOR-Diplom bzw. ein NACH-Diplom in Form einer selbst gestalteten Karte o.ä. Um die Bewegung im Uhrzeigersinn mit einzuüben, kann das gleiche Spiel später dann auch mit im Kreis angeordneten Zahlenkarten gespielt werden.

VOR und NACH an der Uhr
Am Zifferblatt einer Wanduhr, die das Kind mehrmals am Tag sieht, werden die Abschnitte vor bzw. nach der vollen Stunde jeweils farbig markiert (mit Klebeband, dicker Wolle oder etwas Ähnlichem), z.B. von 20 vor bis 1 Minute vor rot, von 1 Minute nach bis 20 nach blau. Die Farbe muss Sinn machen, daher ist es ratsam, eine kleine Geschichte dazu zu erfinden (z.B. ROT für VOR, weil man sich häufig beeilen muss, wenn es bereits 10 vor 6 ist und man um 6 Uhr zu Hause sein sollen.) Natürlich kann man das Kind auch seine Lieblingsfarben für VOR und NACH wählen lassen. Wichtig ist, dass die Farben mit dem jeweiligen Begriff richtig verknüpft werden.

Schritt 2: Das Zifferblatt

Das Kennenlernen des Zifferblattes sollte in mehreren Teilschritten erfolgen. Ein stufenweises Heranführen, bei dem zunächst einige der Schwierigkeiten eliminiert werden, ermöglicht es, das Kind mit grundsätzlichen Einzelheiten vertraut zu machen. Wie lange und wie intensiv wir auf jeder Stufe verweilen, hängt immer davon ab, wie viele Hilfen das Kind in dem betreffenden Bereich benötigt.

Wie im vorangegangenen Kapitel ‚Zeit messen - früher und heute' dargelegt, kann das vollständige Zifferblatt mit seinen Markierungen und den Zeigern für Verwirrung beim Kind sorgen. Nicht ohne Grund werden daher auch die ‚Lernuhren' mit einem Zifferblatt angeboten, das nur die Markierungen für die vollen Stunden, nicht aber die für die einzelnen Minuten zeigt. Im Alltag bieten sich viele Möglichkeiten, die Anordnung der Stundenmarkierungen spielerisch über alle Sinne zu erfahren.

a) Die Markierungsstriche für Stunden

Losgelöst von Ziffern wird zunächst die Anordnung und Lage der Markierungsstriche durch konkrete Gegenstände erarbeitet. Diese Gegenstände kann das Kind immer wieder in die Hand nehmen und eventuell auch neu platzieren; hierbei macht es zusätzlich haptische Sinneserfahrungen.

Wird der räumliche Aufbau eines Zifferblatts so über viele Sinne erfahren, entstehen Bilder im Kopf, Assoziationen, die später wieder abrufbar sind (z.B.: „Da wo die 12 ist, lag immer eine besonders dicke Muschel" ...). ‚Zifferblätter' für diesen Zweck lassen sich aus Alltagsmaterialien gestalten. Die folgenden Ideen sind als Auswahl gedacht; sicher findet hier jeder etwas Passendes oder lässt sich dadurch zu eigenen Ideen inspirieren.

- Auf eine Torte legt das Kind an den entsprechenden Stellen Smarties.

- Es baut eine ‚Telleruhr': Auf einen flachen Teller legt es bei der 12, 3, 6 und 9 Obststückchen, Gummibärchen oder dergleichen.

- Aus einem Tablett wird eine ‚Schmecklecker-Uhr': Die Plätze der 12, 3, 6 und 9 belegt das Kind mit unterschiedlichen Süßigkeiten.

Um 12 Uhr darf es sich dann ein Bonbon nehmen, um 3 Uhr einen Keks, um 6 Uhr ...

Auf einem rechteckigen oder runden Stück Pappe werden Büroklammern an den entsprechenden 4 Stellen angebracht.

Aus Knetgummi wird ein Zifferblatt geformt. Die Markierungspunkte werden in den Gummi eingekerbt oder als kleine Kügelchen geformt und am Rand aufgebracht.

Aus Pappe gestaltet das Kind ein Zifferblatt. Als Markierungspunkte klebt es Streichhölzer auf - für die 12, 3, 6 und 9 längere, für die übrigen Punkte kürzere Stücke.

Es legt ein Seil oder auch ein Stück Bleiband zum Kreis und markiert es an den entsprechenden Stellen.

Auf eine große Schnur fädelt es in gleichmäßigem Abstand 12 dicke Perlen auf und legt die Schnur dann zum Kreis. Mit geschlossenen Augen tastet es die Perlen ab. Zur Markierung der 12, 3, 6 und 9 können auch noch dickere Perlen verwendet werden.

Statt der Schnur kann auch Draht genommen werden. Um einen dauerhaften Einsatz zu ermöglichen, können die Perlen mit Sekundenkleber fixiert werden.

Ein großer Kreis (oder eine ovale bzw. rechteckige Form) wird auf den Boden oder in Sand gezeichnet. Anstatt die Stundenpunkte mit den Zahlen von 1 bis 12 zu kennzeichnen, werden sie mit konkreten Gegenständen (Steinchen, Muscheln o.ä.) oder aber auch mit Bildern zum Tageslauf des Kindes markiert.

Am Ende dieser Phase werden den einzelnen Markierungspunkten bzw. den Gegenständen, die an den betreffenden Stellen zu finden sind, die entsprechenden Zahlen des Zifferblatts mündlich zugeordnet (Hier ist auf dem Zifferblatt die 12, hier die 3 ...).

b) Die Stunden der ersten Tageshälfte

In einem nächsten Schritt werden den Markierungsstrichen für Stunden die Zahlen von 1 bis 12 zugeordnet. Auch hier gilt: Die Vielzahl der im Folgenden vorgestellten Ideen stellt lediglich ein Angebot dar, aus dem jeder sich Passendes auswählen möge.

- Ein großes Zifferblatt wird auf den Boden, in Sand oder auf ein großes Stück Papier gezeichnet; die Markierungsstriche zeichnet das Kind ein oder legt sie mit Hilfe von Wäscheklammern oder Ähnlichem. Anschließend werden diesen Strichen Zahlenkarten oder aber auch Ziffern aus Holz, Kunststoff oder Schaumgummi zugeordnet. Eventuell schneidet das Kind sich auch selbst Ziffern aus Tapete, Teppichbodenstücken oder Schmirgelpapier zu.

- Eine ‚Fensteruhr' wird mit Fenstermalfarben aufgemalt. Das Kind klebt Etiketten mit den Zahlen an die entsprechenden Stellen.

- Auf die gleiche Art und Weise wird eine ‚Spiegeluhr' gestaltet.

- Das Gehäuse des Fernsehapparates oder des Computers kann entsprechend beklebt werden.

- Mit Gebäckzahlen (Russisch Brot) werden die Stundenmarkierungen auf einer Tortenplatte gelegt.

c) Bewegung im Uhrzeigersinn

Die Anordnung der Zahlen auf dem Zifferblatt verdeutlicht schon die Richtung, in der die Zeiger sich darauf bewegen. Um sich diese Anordnung dauerhaft einprägen zu können, ist es hilfreich, wenn die Bewegungsrichtung (rechtsherum) aktiv über alle Sinne erfahrbar gemacht wird.

Hierzu bieten sich vielerlei alltägliche Bewegungsabläufe an:

- Kuchenteig, Süßspeise o.a. mit dem Rührlöffel rühren
- Schlüssel im Schlüsselloch langsam und bewusst drehen
- Thermostat an der Heizung aufdrehen
- mit Schraubenschlüssel oder Schraubenzieher Schrauben festdrehen
- mit dem Korkenzieher eine Flasche öffnen und Vieles mehr

Wer das Besondere liebt, funktioniert den Milchtopf einfach zur ‚Puddinguhr' um:

- Der Milchtopf steht so auf dem Herd, dass seine beiden Griffe sich oben und unten befinden (für die 12 und die 6). Das Kind rührt nun das Puddingpulver ein, indem es mit dem Rühren oben (bei dem Griff für die 12) beginnt und langsam rechtsherum weiterrührt. So rührt es die Masse immer weiter im Uhrzeigersinn; über die permanente gleichmäßige Rührbewegung prägt sich die Richtung gut ein. Wer möchte, spricht dazu auch die vollen Stunden (1, 2, 3 ... 12 Uhr) oder die Namen der Zahlen, die Viertelstundenabschnitte kennzeichnen (3, 6, 9, 12).

d) Der kleine Zeiger

Nachdem die Stundenmarkierungen erarbeitet sind, kann der kleine Zeiger zum Einsatz kommen. Von Stunde zu Stunde arbeitet er sich langsam voran. Er hat es nicht eilig, muss sich nicht schnell bewegen. Und er bekommt es auch recht einfach gemacht: Er weiß immer, was die Uhr geschlagen hat; für ihn hat das Zifferblatt nämlich die Zahlen bereitgestellt. Diese Erkenntnis herauszustellen ist an dieser Stelle sehr wichtig; beim späteren Zusammenspiel beider Zeiger muss das Kind sicher wissen, für welchen Zeiger die Zahlen gelten.

- Auf einem großen Zifferblatt, das auf den Boden oder auf einen großen Bogen Papier gezeichnet ist, stellt das Kind den kleinen Zeiger dar. Es bewegt sich ganz langsam von einem Markierungsstrich zum nächsten und spricht dabei rhythmisch, aber im Schneckentempo:
  „Der kleine Zeiger gleicht 'ner Schnecke,
  braucht lange Zeit für kurze Strecke." [1]

- Den gleichen Vers kann das Kind auch sprechen, während es auf einer Pappuhr oder einer Lernuhr, bei der der große Zeiger abmontiert wurde, den kleinen Zeiger langsam von einem Markierungsstrich bis zum nächsten bewegt.

- Bei bestimmten Aktivitäten im Tagesverlauf wird der Blick des Kindes auf den kleinen Zeiger gelenkt (Das Kind putzt sich die Zähne - es ist zwischen 7 und 8 Uhr; wir essen zu Mittag - es ist 13 Uhr ...). Für jede Aktivität wird ein Gegenstand ausgewählt, der diese Tätigkeit symbolisiert (z.B. Zahnbürste, Suppenlöffel, Bleistift); diese Gegenstände sammelt das Kind in einer Kiste. Zusätzlich kommt dort hinein auch jeweils eine Pappkarte, auf der das

[1] Aus: Wunderlich,G.: 1,2,3 mit allen Sinnen. Lichtenau. 2000. S. 116

zugehörige Zifferblatt mit kleinem Zeiger gezeichnet ist. Die Kiste bietet sich dann für vielerlei Spiele an, bei denen es jeweils darum geht, Symbol und Zifferblatt einander richtig zuzuordnen, z.B. auch für das folgende Pantomimenspiel.

Jetzt ist Zeit zum ...
Ein Pantomimen-Spiel für 2 oder mehr Mitspieler
In spielerischer Form wird der eigene Tageslauf reflektiert. Benötigt werden die Darstellungen von Zifferblättern zu verschiedenen Uhrzeiten und Symbole, wie sie im vorangegangenen Beispiel beschrieben wurden. Alle Teile befinden sich in einer Schachtel oder unter einer Decke. Das Kind zieht eine der Zifferblatt-Karten, erinnert sich daran, welche Tätigkeit zu dieser Zeit gehört und stellt diese pantomimisch dar. Errät der Mitspieler die Tätigkeit, muss er zunächst das zugehörige Symbol in der Schachtel oder unter der Decke ertasten. Hat er das richtige Symbol gefunden, darf er die Karte behalten und zieht nun selbst ein weiteres Zifferblatt, um die zugehörige Tätigkeit für seinen Mitspieler pantomimisch darzustellen.

e) Der große Zeiger und die Minutenstriche

Jetzt kommt der große Zeiger mit ins Spiel. Dazu müssen auf dem Zifferblatt auch die Markierungsstriche für die Minuten ergänzt werden. Das Kind erfährt: Dieser große Zeiger kann viel schneller laufen als der kleine; er zählt die Minuten und ist schon eine ganze Runde um das Zifferblatt gelaufen, wenn der kleine Zeiger von einem Stundenpunkt zum nächsten gewandert ist.

Die schnelle Bewegung des großen Zeigers kann das Kind auch sehr anschaulich erfahren:

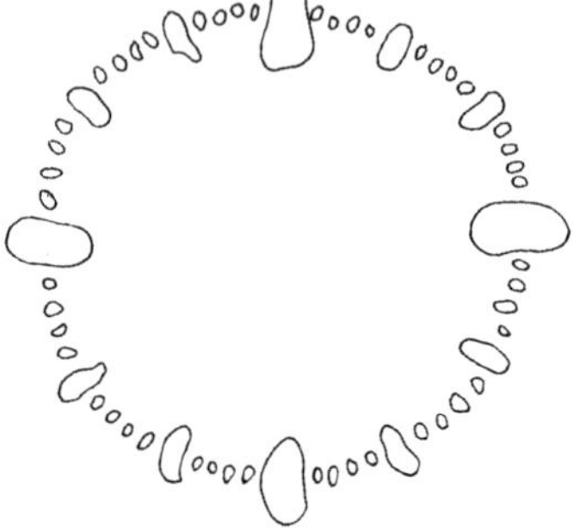

Benötigt werden Kieselsteine in 3 unterschiedlichen Größen: Für die 3, die 6, 9 und 12 ganz dicke, für die übrigen Stundenangaben etwas kleinere und für die Minutenmarkierungen ganz kleine. Nach Möglichkeit sollten alle Steine für die Stundenmarkierungen farbig bemalt werden, und zwar in **einer** Farbe. Auf einer großen freien Fläche wird ein sehr großer Kreis aufgezeichnet. Daraus wird ein Zifferblatt gestaltet, indem zunächst die Stellen für die 12, die 3, 6 und 9 markiert werden. Als Minutenmarkierungen werden nun kleine Steine entlang des Randes abgelegt. Nach 4 kleinen Steinen folgt ein größerer Kiesel für den Stundenpunkt. Sind alle Steine gelegt, kann das Zifferblatt abgegangen werden; begonnen wird bei der 12.

Während des Abgehens der Minuten spricht das Kind den folgenden Vers:
„Der große Zeiger hat es leicht.
Die nächste Zahl ist schnell erreicht.“ [1]

Über das Abgehen der Minuten erfährt das Kind anschaulich, dass die Stundenmarkierungen für den großen Zeiger etwas Anderes bedeuten als für den kleinen. Es geht die ersten Minuten ab und flüstert dabei: *Eins - zwei - drei - vier*, kommt an die erste Stundenmarkierung und sagt laut: *Fünf!*

Ist das Zifferblatt zum Abgehen der Minuten zu klein, kann das gleiche Spiel auch mit Abklopfen gespielt werden. Mit einem Finger klopft das Kind Minutenstrich für Minutenstrich auf dem Zifferblatt ab und spricht dabei wie oben beschrieben.

[1] Aus: Wunderlich,G.: 1,2,3 mit allen Sinnen. Lichtenau, 2000, S. 116

f) Die Stunden der zweiten Tageshälfte

In unserem Sprachgebrauch sind die Zeitangaben für Tages- und Nachtzeiten jeweils gleich; 5 Uhr - das kann 5 Uhr morgens wie auch 5 Uhr am Nachmittag sein. Schon früh begegnen Kinder aber auch digitalen Zeitangaben; um die richtig zuordnen zu können, müssen sie wissen, dass zu jeder Zahl von 1 bis 12 eine bestimmte Zahl zwischen 13 und 24 gehört und dass bei der 24 gleichzeitig der ‚Nullpunkt' (00.00 Uhr) erreicht ist, von dem aus die Zeitzählung wieder neu beginnt.

Die ‚neuen' Uhrzeiten (von 13.00 bis 24.00 bzw. 00.00 Uhr) sollten an einem Zifferblatt eingeführt werden, auf dem den Markierungsstrichen für Stunden Zahlenkärtchen zugeordnet sind. Das Kind erfährt: Wenn beide Zeiger oben auf die 12 zeigen, ist es Mittag - die Mitte des Tages! Der Tag geht noch weiter, deshalb zählt die Uhr auch die Stunden weiter: Um 1 Uhr sagt sie 13 Uhr, um 2 Uhr 14 Uhr und so weiter. Die entsprechenden Zahlen werden auf die Rückseite der jeweiligen Karte geschrieben, so dass Wendekarten entstehen, die zum Üben benutzt werden können.

Schritt 3: Ablesen der analogen Uhr

Nachdem das Kind sich auf dem Zifferblatt gut auskennt, wird das Ablesen der analogen Uhr ihm keine großen Schwierigkeiten mehr bereiten. Es hat beide Zeiger unabhängig voneinander erfahren können und dabei erlebt, dass beide sich bewegen - der Kleine langsam und der Große schneller. Nun kann der Blick darauf gelenkt werden, wie die beiden zusammenarbeiten. Dies kann zunächst in spielerischer Form erfolgen:

In der Mitte eines großen - auf den Boden gezeichneten - Zifferblatts werden ein langes und ein kürzeres Band befestigt.

Ein Kind (oder auch ein Erwachsener) nimmt das lange Band in die Hand und stellt den großen Zeiger dar, ein weiteres Kind übernimmt das kürzere Band und damit die Rolle des kleinen Zeigers. Nun kann die Uhr gestellt werden; gestartet wird immer bei einer vollen Stunde. Durch Weiterbewegung der Zeiger werden dann weitere Zeitangaben eingestellt.
Die Abstände zwischen den Markierungsstrichen müssen so groß sein, dass derjenige, der den kleinen Zeiger darstellt, ganz langsam mitgehen kann, während derjenige, der den großen Zeiger spielt, sich fortbewegt.
Sinnvoll ist es, die jeweiligen Uhrzeiten in kleine Geschichten einzubetten, zum Beispiel:
Um 10 Uhr gehen wir zum Einkaufen; um Viertel nach 10 Uhr kommen wir im Supermarkt an. Um halb 11 Uhr stehen wir an der Kasse. Um 10 vor 12 Uhr sind wir wieder zu Hause.

Wer einen Overheadprojektor zur Verfügung hat, der sollte auch den für solche Übungen nutzen; es ist für Kinder immer wieder faszinierend, Dinge großformatig an der Wand zu sehen und zu entdecken, die üblicherweise nur kleinformatig im Heft oder in Büchern zu finden sind. Eine Folie mit einem - am besten vom Kind selbst gestalteten - Zifferblatt wird aufgelegt; die beiden Zeiger können aus Pappe geschnitten und mit Hilfe einer Musterbeutelklammer in der Mitte des Zifferblatts befestigt werden.

Die gleiche Übung könnte natürlich auch mit einer Lernuhr/Pappuhr mit beweglichen Zeigern durchgeführt werden. Zu bedenken ist dabei jedoch, dass Kinder gerne mit ‚richtigen' Sachen hantieren; so wie sie mit einem richtigen Bügeleisen bügeln und am richtigen Herd kochen wollen, so wollen sie auch eine richtige Uhr haben, die ihnen die Zeit zeigt. Die Sprache der Uhr lernen müssen sie natürlich Schritt für Schritt; beherrschen sie die Sprache dann aber, sollten sie auch eine eigene ‚richtige' Uhr bekommen. Sogenannte ‚Lernuhren' sollten dann nur noch zum Einsatz kommen, wenn es darum geht, eine Uhrzeit einzustellen, die das Kind beachten oder sich merken soll. Die Lernuhr zeigt ihm dann das Zeigerbild, das zu dem betreffenden Zeitpunkt auf der richtigen Uhr zu sehen sein wird.

Spiele, mit denen das Zuordnen von Zifferblatt und Zeitangabe geübt werden kann, lassen sich leicht selbst herstellen:

Uhrzeiten-Bingo für 2 oder mehr Spieler

Benötigt werden pro Mitspieler 16 Zifferblatt-Karten, auf denen unterschiedliche Zeiten dargestellt sind; diese Karten können mittels eines Zifferblatt-Stempels selbst erstellt oder aber einem käuflichen Spiel entnommen werden. Zusätzlich benötigt wird die entsprechende Anzahl an Blanko-Kärtchen sowie Muggelsteine o.ä.

Zur Vorbereitung des Spiels werden die Blanko-Kärtchen, entsprechend der auf den Uhrzeitkarten dargestellten Zeiten, beschriftet: 20 vor 9, 10 nach halb 3, halb 5 und so weiter. Anschließend werden diese Karten gut gemischt und als verdeckter Stapel ausgelegt. Jeder Mitspieler erhält dann 16 der Zifferblatt-Karten und legt sie offen als 4-er/4-er-Feld aus.

Nun wird jeweils eine Karte vom Stapel aufgedeckt und vorgelesen. Wer das zugehörige Zifferblatt ausliegen hat, legt einen Muggelstein o.ä. auf die entsprechende Karte. Gewonnen hat, wer als Erster 4 Muggelsteine in einer Reihe, einer Spalte oder einer Diagonalen ausliegen hat.

Mit den gleichen Karten lässt sich auch nach den bekannten Regeln Lotto oder Memory spielen.

Wie sollte die erste eigene Uhr aussehen?

Um dem Kind das Ablesen der Uhr zu erleichtern, sollte beim Kauf der ersten Uhr sehr sorgfältig auf die wesentlichen Einzelheiten geachtet werden; nicht modischer Schnickschnack, sondern Funktionalität sind gefragt.

Folgende Kriterien sollten bei der ersten Uhr unbedingt erfüllt sein:

- Großes, einfarbiges Zifferblatt mit Minutenstrichen und **arabischen** Ziffern
- Stunden- und Minutenzeiger mit deutlichem Größenunterschied
- kein Sekundenzeiger
- keine weiteren Zusatzfunktionen wie Wecker oder Datumsanzeige

Eine ganz besondere erste Uhr, die dem Kind das Ablesen wesentlich vereinfacht, lässt sich auch aus Einzelteilen zusammenbauen. Dazu wird ein käufliches Uhrwerk mit einem Zifferblatt ausgestattet, das Hilfen zum Ablesen bietet:

- Stunden- und Minutenzeiger unterscheiden sich nicht nur deutlich in der Größe, sondern haben auch unterschiedliche Farben.
- Die Zahlen an den Stundenmarkierungen sind farbig unterlegt; die Farbgebung entspricht der des kleinen Zeigers. Dies verdeutlicht: Die Zahlen von 1 bis 12 gehören zum kleinen Zeiger.

- Auch die Zugehörigkeit des großen Zeigers zu den Minutenstrichen wird durch die gleiche Farbgebung unterstrichen.

- Ebenfalls in der gleichen Farbe wie der große Zeiger sind die den Stundenpunkten zugeordneten Zahlen 5, 10, 15 ... . Das macht dem Kind deutlich: Wenn der große Zeiger auf die 2 zeigt, sind 10 Minuten nach der vollen Stunde vergangen.

- Zusätzlich kann der äußere Rand noch - wie auf Seite 96 erläutert - in zwei unterschiedlichen Farben gestaltet werden, die dem Kind zeigen, wann VOR und wann NACH zu lesen ist: Von 1 Minute bis 20 Minuten nach der vollen Stunde und von 1 Minute bis 9 Minuten nach der halben Stunde heißt es NACH bzw. NACH HALB, von 20 Minuten bis 1 Minute vor der vollen und von 9 Minuten bis 1 Minute vor der halben Stunde VOR bzw. VOR HALB.

Eine Digitaluhr ist für den Anfang nicht empfehlenswert - auch wenn sie auf den ersten Blick einfacher erscheint, weil man die Zeit darauf tatsächlich ab**lesen** kann. Sie gibt nur den aktuellen Zeitpunkt an, während auf dem Zifferblatt der analogen Uhr durch die Veränderung des Zeigerbildes auch die Zeitspanne zwischen zwei Zeitpunkten optisch erkennbar ist.

Ein weiterer scheinbarer Vorteil der Digitaluhr wird oft darin gesehen, dass die Begriffe VOR und NACH, EIN HALB und EIN VIERTEL hier nicht gebraucht werden. Hier trügt der Schein, denn im Umgang mit anderen Menschen kommen sie vor und müssen daher auch bekannt sein. Keine Mutter sagt: Komme um 17.30 Uhr nach Hause, kein Freund verabredet sich für 16.15 Uhr.

Ein weiterer Nachteil besteht schließlich auch darin, dass die Welt nicht nur aus Digitaluhren besteht. Selbst wenn im häuslichen Umfeld möglicherweise nur dieser Uhrentyp existiert - die Schuluhr, die Uhren auf dem Bahnsteig oder an der Bushaltestelle sehen anders aus; um Zeitangaben dieser anderen Uhren auf den eigenen Uhrentyp übersetzen zu können, muss eine intensive Beschäftigung mit dem Zifferblatt vorausgegangen sein.

Natürlich darf das digitale System auch nicht einfach ignoriert werden; Fahrpläne aller Art basieren schließlich darauf. Auch in Programmzeitschriften, Ankündigungen von Veranstaltungen und bei Zeitangaben in Radio und Fernsehen begegnen wir unweigerlich Zeitangaben in digitaler Schreib- bzw. Sprechweise; früher oder später müssen die Kinder also mit diesen Zeitangaben vertraut gemacht werden. Nach unserer Erkenntnis ist hier jedoch ein SPÄTER sinnvoll; erst wenn das Kind genügend Erfahrungen mit der analogen Uhr gesammelt hat, macht der Übergang zur digitalen Uhr Sinn.

Zeit zum Rechnen

Wie Kinder mit der Zeit rechnen lernen

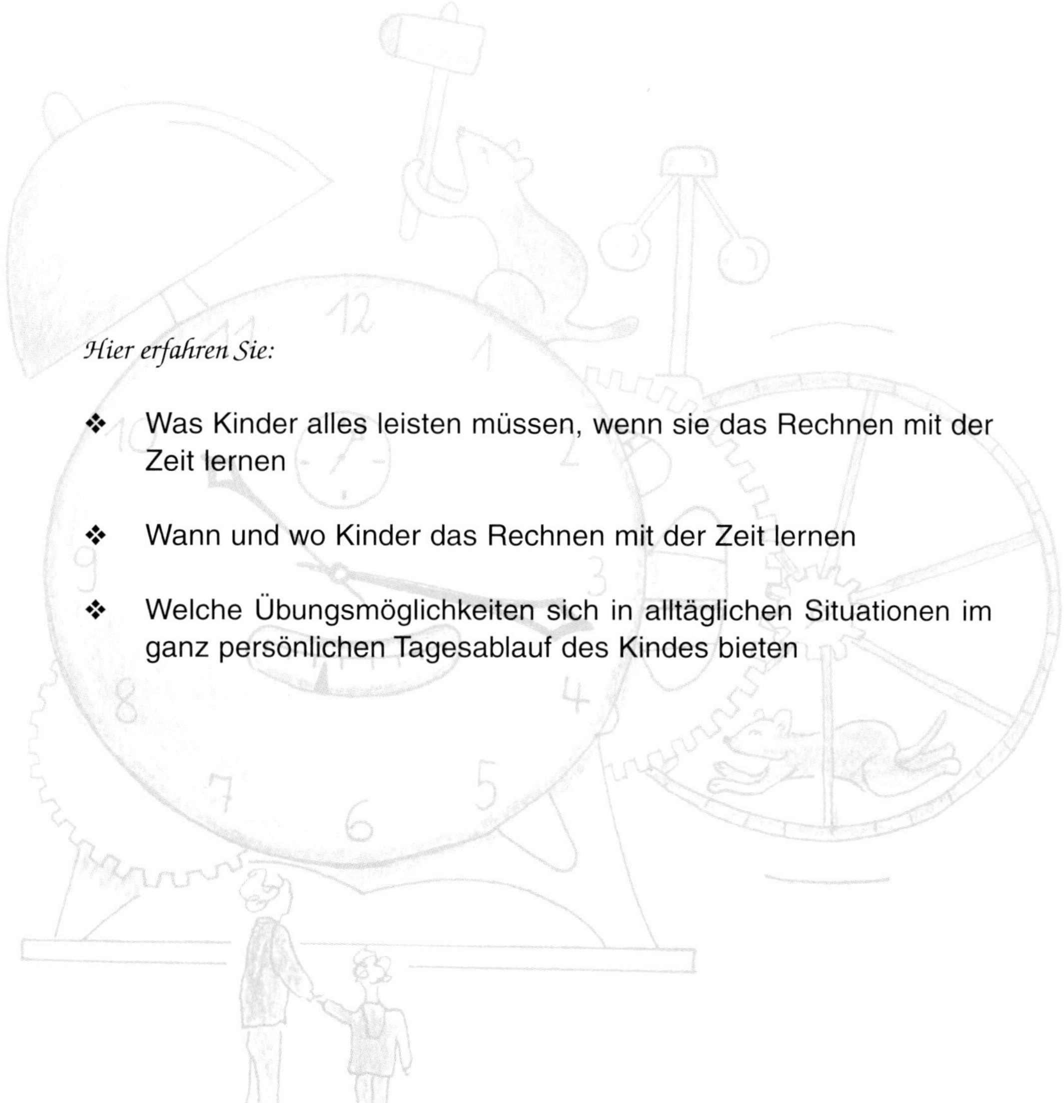

Hier erfahren Sie:

- ❖ Was Kinder alles leisten müssen, wenn sie das Rechnen mit der Zeit lernen
- ❖ Wann und wo Kinder das Rechnen mit der Zeit lernen
- ❖ Welche Übungsmöglichkeiten sich in alltäglichen Situationen im ganz persönlichen Tagesablauf des Kindes bieten

Zeit kommt immer in zweierlei Bedeutung vor - als Zeitpunkt und auch als Zeitspanne. Um mit ihrer eigenen, aber auch mit der von außen vorgegebenen Zeit zurecht zu kommen, müssen Kinder mit der Zeit rechnen lernen, und zwar in mehrfacher Hinsicht: Sie müssen

- lernen mit der Zeit(spanne) zu rechnen, die eine bestimmte Tätigkeit erfordert, um so planen zu können, wann sie mit einer Arbeit beginnen müssen, wann sie sich auf den Weg zur Schule, zum Bus, zum Zug ... machen[1]

- erkennen können, ob die zur Verfügung stehende Zeit für bestimmte Vorhaben noch ausreicht

- den Zeitpunkt errechnen können, zu dem eine Tätigkeit beendet sein wird (wann der Bus ankommt, wann der Kuchen fertig oder der Film zu Ende sein wird ...)

- die Zeitspanne bestimmen können, die ihnen zwischen zwei Zeitpunkten zur Verfügung steht. (Wie lange kann ich bei meinem Freund bleiben? Wie lange dauert die Bahnfahrt? Wie viel Zeit bleibt mir zum Spielen?)

Zeitspannen und Zeitpunkte können auf unterschiedlichen Wegen errechnet werden. Welchen Weg das Kind wählt, sollte ihm selbst überlassen sein. Der Eine findet die Lösung einer Aufgabe, indem er sich das Zifferblatt anschaut und sich die Bewegung der Zeiger im Kopf vorstellt; ein Anderer vielleicht mit den digitalen Zeitangaben.

Die Zeit für solcherlei Rechnungen ist gekommen, wenn das Kind sich gut in der Zeit orientieren kann und sicher ist im Umgang mit der Uhr. Gelegenheiten bieten sich viele im alltäglichen Leben; sie zu nutzen - und zwar immer wieder - ist wesentlich sinnvoller und auch effektiver

1 Hilfen hierzu finden sich im Kapitel ‚Mit Zeit umgehen', Seite 63-70

als ein isoliertes Üben anhand künstlicher Aufgabenstellungen, wie sie in Schulbüchern und Arbeitsheften angeboten werden.

Mit der Zeit zu rechnen lernen Kinder nicht im Laufe einer Unterrichtseinheit, das lernen sie erst nach und nach in Situationen, in denen es für sie persönlich bedeutungsvoll ist. Die nachfolgenden Vorschläge sollen daher keineswegs als Aufgabensammlung verstanden werden; sie wollen vielmehr sensibilisieren für das Entdecken entsprechender Möglichkeiten im ganz persönlichen Tagesablauf des Kindes. Ob die Uhrzeiten in digitaler Form (16.30 Uhr) genannt oder aber entsprechend der analogen Uhr formuliert werden (halb 5), hängt davon ab, wie gut das einzelne Kind sich mit den jeweiligen Zeitangaben auskennt. Wichtig ist jedoch, dass beide Sprechweisen im Laufe der Zeit immer wieder genannt werden.

- Am Nachmittag um 16.30 Uhr soll die kleine Schwester im Kindergarten abgeholt werden. Zu Fuß brauchen wir etwa 20 Minuten für den Weg.
  Wann müssen wir spätestens von zu Hause weggehen?
  Wann etwa werden wir wieder zurück sein?

- Jetzt ist es 13.30 Uhr; das Fußballtraining beginnt um 15 Uhr. Für den Weg zum Sportplatz braucht das Kind eine Viertelstunde.
  Wie viel Zeit bleibt noch für die Hausaufgaben?
  Wann musst du von zu Hause weggehen, damit du pünktlich beim Training bist?

- Um 14.10 Uhr kommt Oma am Bahnhof an. Wenn wir pünktlich sein wollen, müssen wir mindestens eine halbe Stunde vorher von zu Hause wegfahren.
  Wann müssen wir losfahren?
  Wie viel Zeit bleibt uns noch bis dahin?
  Reicht die Zeit noch, um Blumen für Oma zu kaufen?

Der Zug sollte um 14.10 Uhr ankommen. Auf dem Bahnhof hören wir die Durchsage, dass er etwa 15 Minuten Verspätung haben wird.
Wann wird der Zug ankommen?
Wann etwa werden wir dann wieder zu Hause sein?

Um 17.20 Uhr kommt ein Film im Fernsehen, den wir uns anschauen wollen. Er dauert 45 Minuten.
Wann wird der Film zu Ende sein?
Können wir den Film bis zu Ende anschauen, wenn wir um 18 Uhr mit Oma verabredet sind, oder sollen wir ihn besser aufzeichnen?

Es ist jetzt 17.30 Uhr. Um 19.00 Uhr werden wir zu Abend essen.
Wie viel Zeit bleibt noch zum Spielen?
Reicht die Zeit noch, um den Freund zu besuchen/den Aufsatz zu schreiben ...

Wir wollen ins Kino. Der Film beginnt um 17.00 Uhr. Einlass ist aber schon eine Viertelstunde früher. Um einen guten Platz zu bekommen, müssen wir also frühzeitig im Kino sein.
Ab wie viel Uhr ist Einlass?
Wann müssen wir von zu Hause losfahren/losgehen, wenn wir für den Weg zum Kino etwa 20 Minuten brauchen?

Es ist jetzt 18.40 Uhr. Der Supermarkt schließt um 19.00 Uhr.
Wie viel Zeit bleibt uns noch zum Einkaufen?

Das Kind spielt draußen, soll aber in einer Viertelstunde ins Haus kommen.
Wie spät ist es in einer Viertelstunde?

In einer halben Stunde will Tante Gertrud kommen. Sie will bis zum Abendessen um 18 Uhr bleiben.

Um wie viel Uhr wird sie kommen?
Wie lange will sie bleiben?

Das Wartezimmer des Arztes ist voll besetzt. Wir sollen in einer halben Stunde noch einmal wiederkommen.
Um wie viel Uhr sollen wir wiederkommen?
Reicht die Zeit, um ins Eiscafe zu gehen? Für den Weg dorthin brauchen wir etwa 5 Minuten.

Um 17.40 Uhr hat Papa angerufen und Bescheid gegeben, dass er vor 20 Minuten vom Büro aus losgefahren ist; in einer Viertelstunde wird er zu Hause sein.
Um wie viel Uhr ist er losgefahren?
Um wie viel Uhr wird er zu Hause sein?
Wie lange dauert die Fahrt vom Büro nach Hause?

Wir stehen an der Bushaltestelle und warten auf den Bus. Laut Fahrplan soll er um 12.18 Uhr ankommen. Jetzt ist es aber schon 5 Minuten vor halb 1.
Wie viel Verspätung hat der Bus bis jetzt?
Vielleicht kommt er ja sogar noch 5 Minuten später! Wie viel Uhr ist es dann?

Die Handwerker haben sich für 8.30 Uhr angekündigt. Jetzt ist es schon 10 nach 9 Uhr und sie sind immer noch nicht da.
Um wie viele Minuten haben sie sich schon verspätet?

Der Wecker klingelt morgens um halb 7. Mama war heute Morgen schon 20 Minuten vorher wach. Um 5 vor halb 7 ist sie aufgestanden.
Um wie viel Uhr wurde sie wach?
Wie lange ist sie noch liegen geblieben?
Wie viele Minuten später hätte der Wecker geklingelt?

Normalerweise klingelt Papas Wecker morgens immer um Viertel nach 6 Uhr. Morgen hat Papa einen wichtigen Termin und darf auf keinen Fall zu spät kommen. Deshalb will er sich den Wecker vorsichtshalber um 20 Minuten früher einstellen.
Auf wie viel Uhr stellt er den Wecker heute ein?

Für die Fahrt in den Urlaub werden wir etwa 5 ½ Stunden brauchen.
Wann werden wir ankommen, wenn wir um halb 10 Uhr wegfahren?
Wann müssen wir wegfahren, damit wir um 4 Uhr nachmittags dort sind?

Normalerweise brauchen wir 25 Minuten Fahrtzeit, wenn wir Oma und Opa besuchen. Die Straße, durch die wir immer fahren, ist aber zur Zeit gesperrt. Durch die Umleitung werden wir etwa eine Viertelstunde länger unterwegs sein.
Wie lange wird die Fahrt dauern?
Wann werden wir ankommen, wenn wir um 10 nach 2 Uhr wegfahren?
Wann müssen wir losfahren, damit wir um halb 4 dort sind?

Die Pizza muss 45 Minuten im Backofen bleiben.
Wann müssen wir sie in den Ofen schieben, damit wir um halb 1 essen können?
Wann ist sie fertig, wenn sie jetzt in den Ofen kommt?

Wenn es gelingt, alltäglich sich ergebende Situationen in dieser oder ähnlicher Form zu nutzen ohne jedoch den Alltag zu verschulen, hat das Kind die Chance, das Rechnen mit der Zeit tatsächlich zu lernen.

Zeiten zum Staunen

Rekorde rund um die Uhr

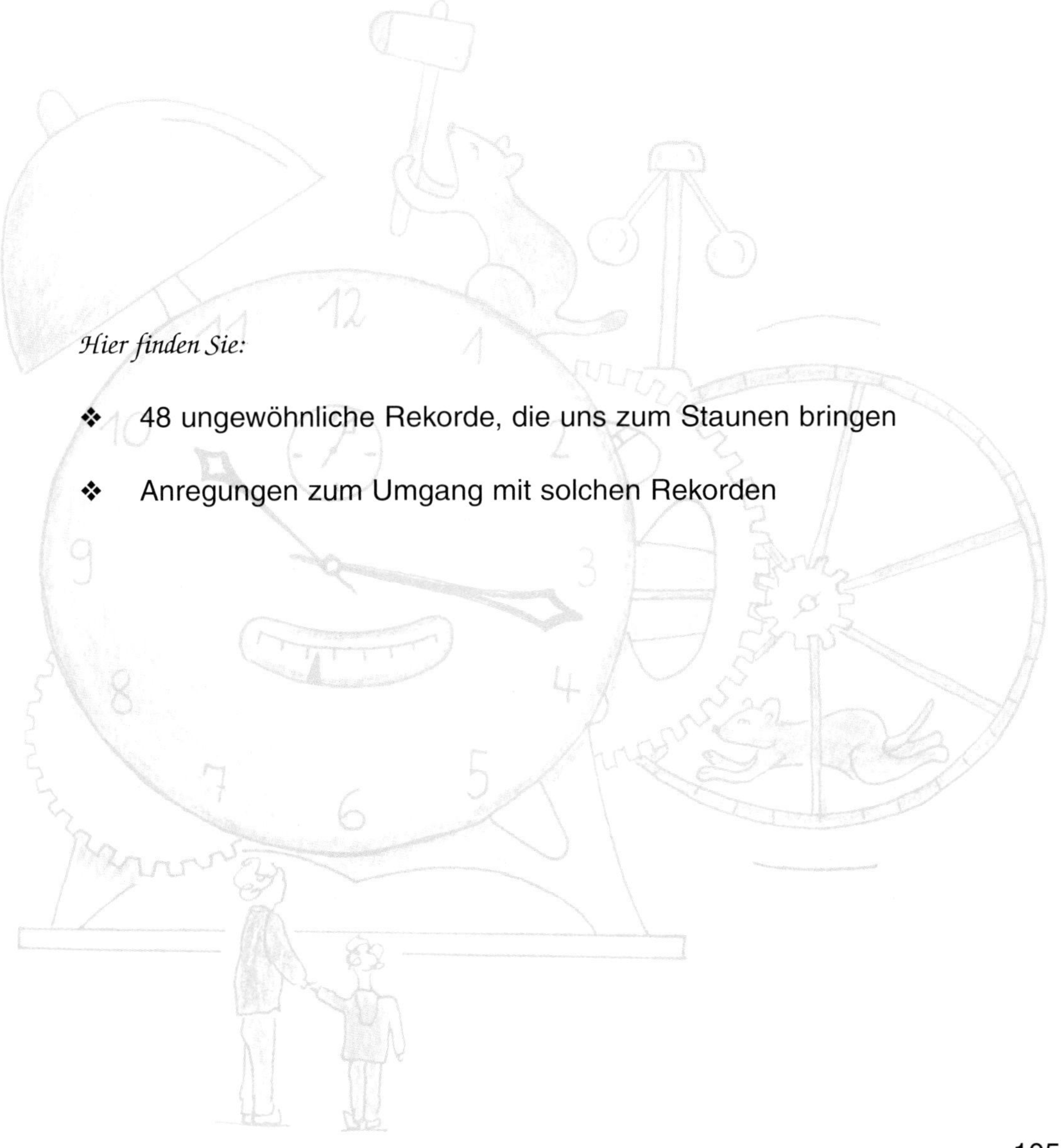

Hier finden Sie:

- ❖ 48 ungewöhnliche Rekorde, die uns zum Staunen bringen
- ❖ Anregungen zum Umgang mit solchen Rekorden

Einmal zu den Ersten gehören - wer wünscht sich das nicht? Das gilt nicht nur für sportliche Betätigungen, an die man zunächst einmal denkt. Auch in ungewöhnlichen Wettkämpfen messen sich Jung und Alt. Nicht selten verbringen sie viele Stunden ihrer Freizeit zur Vorbereitung. Häufig geht es auch darum, eine Leistung zu erbringen, mit der man ins Guiness-Buch der Rekorde aufgenommen werden kann.

Wie groß das Interesse an solchen Rekorden ist, zeigt sich auch auf dem Buchmarkt. Eine Vielzahl von Büchern gibt uns einen Einblick in die Welt der Superlative. Eines haben (fast) alle Eintragungen in diesen Büchern gemeinsam: Sie bringen uns zum Staunen; manche verblüffen gar.

Stöbern Sie einmal gemeinsam mit Ihren Kindern in einem solchen Buch. Besonders spannend ist folgende Vorgehensweise beim Lesen der Rekorde:

❖ Greifen Sie ein Beispiel heraus und stellen Sie dem Kind eine entsprechende Frage.
❖ Das Kind äußert eine Vermutung.
❖ Nun wird der Rekord im Buch gelesen/vorgelesen
❖ Das Kind vergleicht seine Vermutung mit dem Rekord.

Interessant ist es auch, die Rekord-Leistungen mit den eigenen oder denen anderer bekannter Menschen, Tieren und Maschinen zu vergleichen.

Dabei helfen können Nachschlagewerke aller Art oder ein Besuch beim Nachbarn, dem Freund, dem Schulkameraden. Sportvereine und Tierzuchtvereine (Hunde, Tauben...) geben sicherlich auch gern Auskunft.

Die hier abgedruckten Rekorde stammen aus Büchern mit älterem Erscheinungsdatum[1]. Es mag also durchaus sein, dass einige inzwischen übertroffen wurden. Dies ist jedoch völlig unerheblich, geht es doch nicht darum, den aktuellsten Rekord zu kennen, sondern lediglich darum, über die darin genannten ungewöhnlichen Zeitspannen zu staunen.

Für die **Atlantiküberquerung** ...
mit dem Flugzeug brauchte Major James V. Sullian am 1. September 1974 für die Strecke von New York nach London 1 Stunde, 54 Minuten und 56,4 Sekunden.

Der längste **Boxkampf** ...
wurde am 6. April 1893 in New Orleans (USA) zwischen Andy Bowen und Jack Burke ausgetragen, ging über 110 Runden und dauerte 7 Stunden und 19 Minuten.

Zu einem Super-**Dauerlauf** ...
startete 1987 ein Mann in den Vereinigten Staaten. Er war 1 Jahr, zwei Monate und 12 Tage unterwegs.

Die längste **Dusche** aller Zeiten ...
nahm 1984 ein Mann in den USA. Er duschte 652 Stunden ununterbrochen. Damit seine Haut nicht völlig aufweichte, durfte er pro Stunde eine Pause von 5 Minuten einlegen, um seinen Körper mit Fett einzureiben.

Die längste **Einsamkeit** ...
überstand ein 35jähriger Italiener. Er verbrachte 210 Tage und Nächte mutterseelenallein in einer unterirdischen Höhle.

[1] Die aufgeführten Rekorde sind entnommen aus: Lenz, W.: Einmaliges aus aller Welt. Bertelsmann. 1974 • Kleines Lexikon der Superlative. Verlag Buch und Wissen. 1989 • Lexikon der Superlative. Orbis Verlag. 1991 • Lexikon der Superlative. Mosaik Verlag München. 1978 • Guinness Buch der Tierrekorde. Ullstein Verlag. 1994

Die längste **Ehe** der Welt ...
führte ein Ehepaar (Name unbekannt) in den USA; es war 90 Jahre lang verheiratet. Der Mann war im Jahre 1800 geboren worden, die Frau 1803. Im Jahre 1910 war er 110 Jahre alt und sie zählte 107 Jahre.

Der Weltmeister im **Feuerschlucken** ...
ist Roberto Kalin aus Bregenz. Er löschte innerhalb von 30,41 Sekunden 150 brennende Fackeln in seinem Mund.

Das längste **Fußballspiel** ...
fand in Köln statt und dauerte 120 Stunden. Von den je 10 Spielern waren jedoch immer nur fünf auf dem Feld. Spielstand nach 120 Stunden: 1494:1479 Tore.

Die rascheste Drillings-**Geburt** ...
dauerte 2 Minuten. Sie wurde am 21. März 1977 in Memphis (USA) verzeichnet.

Der schnellste **Hausbau** ...
gelang in Palmer/Alaska. In 3 Stunden, 53 Minuten und 59,5 Sekunden entstand ein 80 Quadratmeter großes Haus.
Möbelpacker, die ebenfalls einen Rekord aufstellen wollten, richteten das Haus in 4 Minuten gemütlich ein.

Altersrekorde bei **Haustieren** ...
- Pferd - 62 Jahre
- Kanarienvogel - 34 Jahre
- Wellensittich - 29 Jahre
- Meerschweinchen - 14 Jahre
- Hausmaus - 7 Jahre

Die schnellsten **Insekten** ...
wurden unter den Libellen ermittelt. Einige Arten können in einer Stunde 40 Kilometer weit fliegen, manche sogar 60 Kilometer.

Den längsten **Jodler** ...
schaffte Don Reynolds am 27. November 1976 in Brampton (Kanada). Dieser Jodler dauerte 7 Stunden und 29 Minuten.

Der kürzeste **Krieg** ...
fand im Jahre 1896 zwischen Großbritannien und Sansibar statt. Er dauerte ganze 38 Minuten.

Den längsten **Kuss** ...
tauschten zwei junge Menschen auf einem Kuss-Wettbewerb aus. Sie küssten sich 96 Stunden und 32 Minuten.

Am längsten in der **Luft** aufhalten ...
kann sich von allen Vögeln die Ruß-Seeschwalbe.
Nachdem sie das Nest verlassen hat, bleibt sie 3 bis 10 Jahre lang ununterbrochen in der Luft - bis sie ‚erwachsen' ist.

Der ausdauerndste **Minigolfer** ...
kommt offensichtlich aus Österreich. Unter Aufsicht eines Notars und 150 Zeugen spielte er 75 Stunden und 23 Minuten.

Die kürzeste **Nacht** ...
auf der nördlichen Halbkugel dauert 8 Stunden. Sie folgt dem 21. Juni, der als längster Tag den Sommer einleitet.

Die wohl längste **Operation** ...
fand im Jahre 1972 statt. Die Ärzte brauchten für den schwierigen Eingriff 31 Stunden.

Das langlebigste **Pferd** ...
soll in England als Lastenträger 62 Jahre alt geworden sein.

Die stärkste **Quelle** ...
mit einer Ergiebigkeit von 10.000 Litern pro Sekunde ist die Aachquelle im Hegau. Die Rhumequelle bei Pöhlde folgt mit 5000 Litern pro Sekunde an zweiter Stelle.

Der erste bemannte **Raumflug** ...
fand am 12. April 1961 statt. Oberst Juri Alexejewitsch Gagarin gelang im sowjetischen Raumschiff ‚Wostock I' eine einmalige Erdumkreisung in 89,34 Minuten. Die Höchstgeschwindigkeit des Raumschiffes betrug 28.060 km/h.

Das schnellste **Säugetier** der Welt ...
ist der Gepard (auch Jagdleopard genannt). Er kann in 5 Sekunden 100 Meter zurücklegen.

Die schnellste **Schnecke** der Welt ...
soll eine Weinbergsschnecke gewesen sein, die in nur 5 Minuten über eine Strecke von 1,26 Meter gekrochen ist. Ein Schnecken-Welktrekord, der sich sehen lassen kann!

Die schnellste **Schneiderin** ...
ist sicherlich auch heute noch Lotte Meisl aus Österreich. Ihr Rekord für das Zuschneiden und Nähen eines vollständigen Kleides: 3 Minuten und 50 Sekunden.

Zum Weltrekord im **Schuhe putzen** ...
meldeten sich fünf Amerikaner. Sie putzten einen Berg von 1430 Paar Schuhen in 11 Stunden, 28 Minuten und 7 Sekunden.

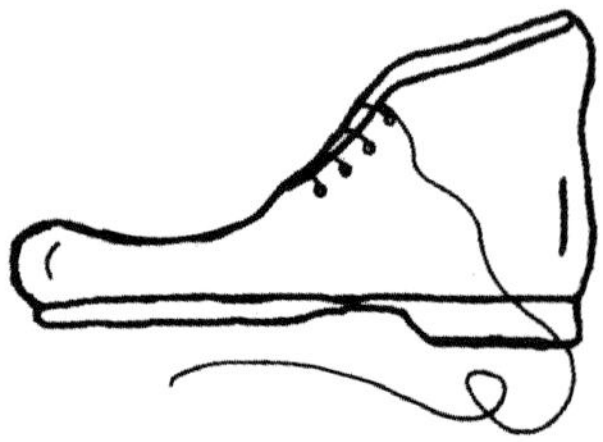

Bei einem **Schweine**-Rennen ...
in Hamburg lief 1984 ein Schwein die Bestzeit von 11,1 Sekunden über eine Strecke von 100 Metern.

Die wohl schnellste **Spinne** ...
der Welt lebt in Afrika. In 60 Minuten kann sie bis zu 16 Kilometer laufen.

Der beste **Taucher** unter den Tieren...
ist der Kaiserpinguin. Im Jahr 1969 wurde in der Arktis ein Tier beobachtet, das 18 Minuten unter Wasser blieb.

Die langlebigsten **Tierarten** sind ...

- die Riesenschildkröten mit 200 und mehr Jahren
- Karpfen mit 100-200 Jahren
- Elefanten und Adler mit 70-100 Jahren
- Krokodile mit 50 bis 90 Jahren.

Die längste **Unterrichtsstunde** ...
aller Zeiten ließen die Schüler eines Gymnasiums in Holzgerlingen über sich ergehen. Die Klasse verließ das Schulhaus nach 64 Stunden und 50 Minuten!

Die langsamsten **Vögel** ...
sind die Amerikanische und die Eurasische Waldschnepfe. Sie schaffen ungefähr 8 km/h (heißt für uns: 133,33 Meter in der Minute!) und ändern ihr Tempo auch bei Balzflug nicht.

Den längsten **Winterschlaf** ...
hielt ein Eichhörnchen, das in Alaska beobachtet wurde. Es hielt einen Winterschlaf, der 9 Monate andauerte.

Mit ihrer **Yacht** ...
brauchte eine britische Segelcrew der Streitkräfte im Jahre 1975 ganze 67 Tage, 5 Stunden und 19 Minuten für die Strecke von London (England) bis Sydney (Australien). Die Rückreise dauerte nur 66 Tage, 22 Stunden und 31 Minuten.

Auf seiner **Ziehharmonika** ...
spielte Stas Szezesnak vom 20. bis 22. April 1979 in Westchester (USA) ganze 64 Stunden und 13 Minuten lang.

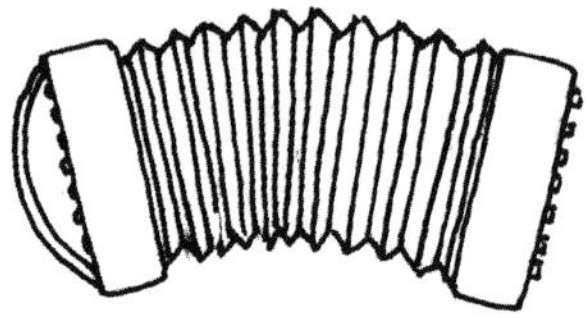

Gut zu wissen

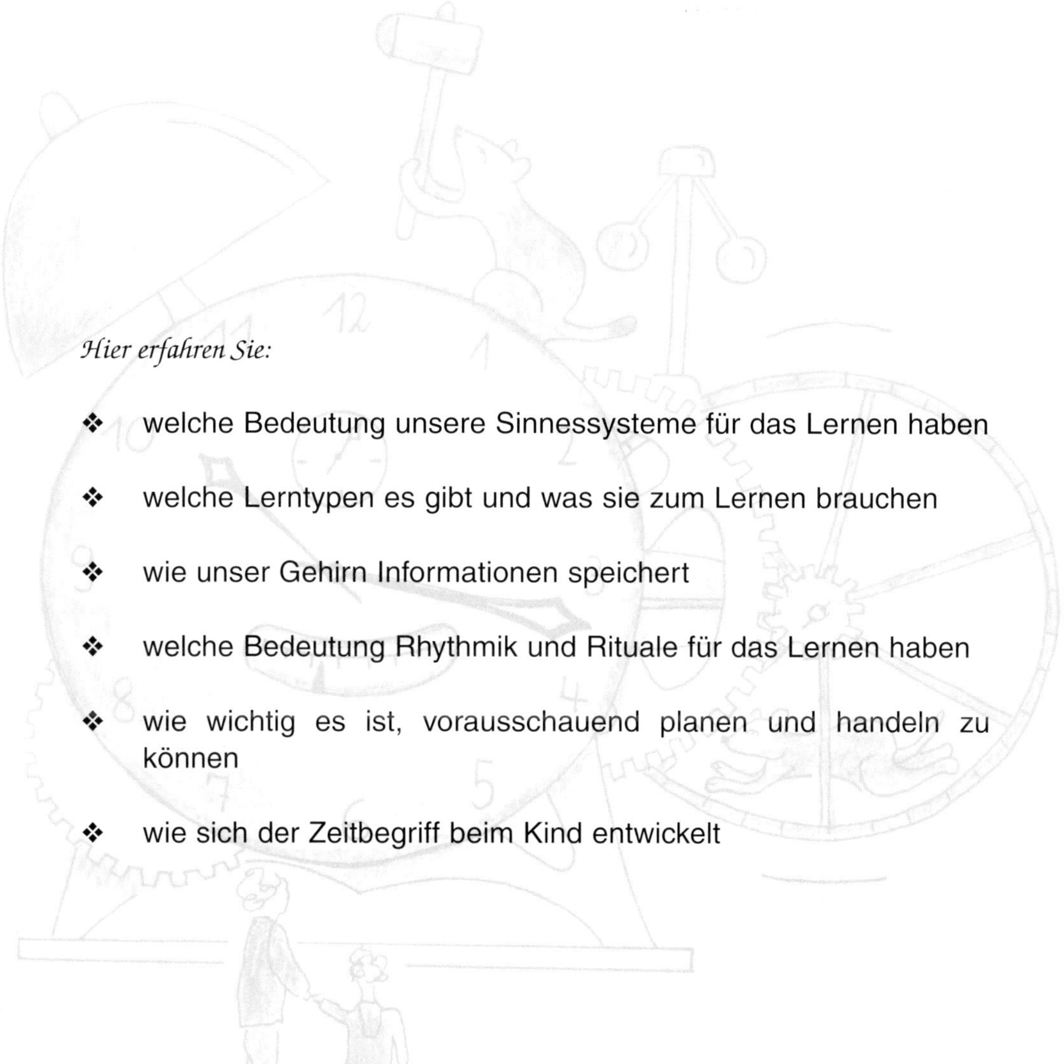

Hier erfahren Sie:

- ❖ welche Bedeutung unsere Sinnessysteme für das Lernen haben
- ❖ welche Lerntypen es gibt und was sie zum Lernen brauchen
- ❖ wie unser Gehirn Informationen speichert
- ❖ welche Bedeutung Rhythmik und Rituale für das Lernen haben
- ❖ wie wichtig es ist, vorausschauend planen und handeln zu können
- ❖ wie sich der Zeitbegriff beim Kind entwickelt

Um erfolgreich lernen zu können, brauchen Kinder sowohl bestimmte Voraussetzungen seitens der eigenen Wahrnehmungs- und Konzentrationsfähigkeit, der Motorik und Koordination, als auch sinnvolle Unterstützung. Wie eine solch sinnvolle Unterstützung beim Entwickeln von Zeitbewusstsein und beim Erlernen der Uhr aussehen kann, haben wir in den vorangegangenen Kapiteln aufgezeigt. Wer mehr über die Hintergründe und Zusammenhänge erfahren möchte, findet hier nun nähere Erläuterungen zu den wichtigsten Faktoren. Vertiefende Informationen zu den einzelnen Themen finden sich in den in der Literaturliste aufgeführten Büchern.

Sensorische Entwicklung

Grundvoraussetzung für erfolgreiches Lernen ist sowohl eine gute Entwicklung der einzelnen Sinnessysteme als auch deren Zusammenspiel.

Man unterscheidet körpernahe Sinnessysteme (Tast- und Spürsinn sowie Gleichgewichtssinn) und körperferne Sinne (Sehen, Hören, Riechen und Schmecken). Die körpernahen Sinne entwickeln sich schon beim Embryo und bilden sich immer weiter aus; sie werden schon bald ergänzt durch die Wahrnehmung über die körperfernen Sinne.

a) Der taktil-kinästhetische Sinn

Der taktil-kinästhetische Sinn gibt uns als unser Innenfühler Informationen über uns selbst. Er setzt sich zusammen aus

- dem taktilen und propriozeptiven System (Tast- und Spürsinn)
- dem vestibulären System (Gleichgewichtssinn)

Das **taktile System** ermöglicht es uns, durch Reize über die Haut differenzierte Informationen über Beschaffenheit und Struktur einer Oberfläche zu erhalten; über die Haut spüren wir aber auch Körperkontakt, Temperatur, Schmerz und Gefahr und erleben unsere Körperhülle, unsere Begrenzung.

Das **propriozeptive System** sorgt dafür, dass wir über Muskeln, Sehnen und Gelenke das Gefühl für Bewegung, Kraft und Kraftdosierung erleben und über die Stellung des Körpers und der Gelenke informiert werden. Es entsteht ein Bild, eine innere Landkarte unseres Körpers, das Körperschema. Das propriozeptive System, der Spürsinn, ist auch mitbeteiligt an der Regulation der Muskelspannung (Tonus). *„Die Stimulation der Haut, die Tiefen- und Eigenwahrnehmung (propriozeptive Wahrnehmung) durch Bewegung und Berührung ist enorm wichtig für eine positive emotionale Entwicklung und daraus resultierend für die Entwicklung von Selbstvertrauen und Selbstsicherheit.“* [1]

Das **vestibuläre System** versetzt uns in die Lage, über das Gleichgewichtsorgan im Innenohr die Stellung unseres Kopfes und unseres Körpers in Bezug zur Schwerkraft zu spüren. Wir werden sowohl über Richtungen wie oben, unten, rechts, links informiert wie auch darüber, ob und mit welcher Geschwindigkeit wir uns bewegen oder ob wir stillstehen.

Der Gleichgewichtssinn steht in enger Verbindung zu dem Seh- und Hörsinn. Daher führt eine vestibuläre Unterempfindlichkeit zu einer Störung der Raum-Lage-Wahrnehmung; das räumliche Vorstellungsvermögen ist beeinträchtigt, rechts und links werden leicht verwechselt. Kindern mit einer vestibulären Unterempfindlichkeit kann demzufolge die Orientierung auf dem Zifferblatt ebenso Schwierigkeiten bereiten wie das Abschätzen von Zeiträumen.

1 Hirler, S.: Wahrnehmungsförderung durch Rhythmik und Musik. Freiburg 2001. S. 23

b) Der visuelle Sinn (Seh-Sinn)

Der visuelle Sinn ermöglicht uns das differenzierte Wahrnehmen von Formen, Strukturen und Farben, von Farbsättigung, Hell und Dunkel wie auch von Raumlagen. Die visuellen Reize müssen erkannt, unterschieden und - durch Anknüpfen an frühere Erfahrungen - interpretiert werden.

Fast jede unserer Handlungen ist von visueller Wahrnehmung begleitet. Wenn wir nach etwas greifen, werden unsere Hände durch den Sehsinn geleitet. Wenn wir laufen, springen, einen Ball schießen, prellen oder ein Hindernis beachten müssen, lenken unsere Augen unsere Bewegungen, sie leiten sie ein. Das Gelingen unserer Handlungen erfordert eine gute Koordination von Augen und Motorik.

Die Überflutung mit visuellen Reizen in der heutigen Zeit kann dazu führen, dass die Fähigkeit genau hinzuschauen und differenziert wahrzunehmen verloren geht. Gerade beim Umgang mit der Uhr ist diese Fähigkeit jedoch unverzichtbar. Der große und der kleine Zeiger müssen unterschieden und ihre Stellung genau wahrgenommen werden.

c) Der auditive Sinn (Hör-Sinn)

Der auditive Sinn ermöglicht es uns, Ort und Art einer Schallquelle zu identifizieren, Tondauer und Tonhöhe, Lautstärke und Klangfarbe, die Abfolge unterschiedlicher Töne und auch den Rhythmus differenziert wahrzunehmen.

Gut zu hören bedeutet auch, selektiv hören zu können, das heißt, das für uns Wesentliche aus den übrigen akustischen Reizen herausfiltern zu können. Vielen Kindern bereitet gerade dieses bewusste, selektive Hören ziemliche Schwierigkeiten. Ursache hierfür kann eine organische Schädigung des Hörorganes oder aber auch eine zentrale

Verarbeitungsstörung sein. Aber auch eine Beeinträchtigung der taktil-kinästhetischen Wahrnehmung oder eine psychische Blockade können zu einer Einschränkung des Hörvermögens führen. [1]

Eine Beeinträchtigung der auditiven Wahrnehmung kann zur Folge haben, dass ähnlich klingende Wörter nicht unterschieden werden können und auch kein Gefühl für Sprachrhythmus entwickelt wird. Dies wiederum kann dazu führen, dass ähnlich lautende Zeitangaben verwechselt und das Wahrnehmen zeitlicher Rhythmen - und damit auch das Entwickeln eines Gefühls für Zeit - erschwert wird.

d) Der olfaktorische (Geruchs-Sinn) und der gustatorische Sinn (Geschmacks-Sinn)

Geruchs- und Geschmackssinn hängen eng zusammen. Ohne die vielen Millionen Sinneszellen der Nase können wir Geschmack nicht wahrnehmen.

Über beide Sinnessysteme lässt sich unterschwellig Zeit wahrnehmen. Wir riechen, wie sich ein Geruch ‚mit der Zeit' verflüchtigt; wir behalten den Geschmack eines Bonbons oder eines Nahrungsmittels noch eine Weile im Mund, erst mit der Zeit verflüchtigt er sich.

Sensorische Integration

Sensorische Integration ist nach Jean Ayres das Zusammenspiel und die Nutzbarmachung der vom eigenen Körper und der Umwelt ausgehenden Sinneseindrücke. Auch das Empfinden von Zeit ist ein Ergebnis der sensorischen Integration.[2]

Ständig und unbewusst werden die ankommenden Reize ausgewählt, verglichen, geordnet, interpretiert, verknüpft und vereint oder deren Aufnahme verstärkt, abgeschwächt oder - wenn nötig - sogar verhindert. Auf diese Weise wird der Mensch mit Informationen über seinen

---

1 Vgl. ebd. S. 16f
2 Näheres hierzu auf Seite 15-28 im Kapitel ‚Zeit erfahren - Zeit strukturieren'

Körperzustand, die Gegebenheiten seiner Umgebung und die Beziehung zueinander versorgt. *„Je vielfältiger und ausgesuchter die sensorische Reizaufnahme ist, desto leistungsfähiger wird das Gehirn, um so sicherer wird das Kind im Umgang mit Materialien, mit sich selber und seiner Umwelt. Intelligenzerweiterung als Erziehung zum Denken erfolgt über den handelnden Umgang mit Dingen und Personen."* [1]

Lerntypen

Kein Mensch lernt wie der andere. Lernerfolge sind überwiegend davon abhängig, ob ein Mensch Gelegenheit hat, sich auf die ihm zusagende Weise mit dem Lernstoff auseinander zu setzen. Während einer Lerninhalte am ehesten verbal-abstrakt über Worte und Formeln erfassen kann, also rein durch den Intellekt lernt (**verbaler Lerntyp**), müssen Andere sie über einen oder mehrere andere Wahrnehmungskanäle aufnehmen können, um erfolgreich lernen zu können.

Wer Lerninhalte am besten über das Auge erfasst, also durch Beobachtung und Experiment, zählt zum **visuellen Lerntyp.** Er braucht die praktische Anwendung, das konkrete Tun und macht sich im wahrsten Sinne des Wortes gerne ein ‚Bild' von den Dingen. Diese Bilder befinden sich stets in seinem Kopf und können jederzeit abgerufen werden.

Wir beobachten: Der visuelle Lerntyp schaut zuweilen an irgendeine Stelle an der Zimmerdecke oder an der Wand als liefe dort ein interessanter Film.

Visuelle Lerner mögen: Experimente, Bilder, Skizzen, Diagramme, Lernposter, Filme, Videos.

---

1 Mertens, K.: Lernprogramm zur Wahrnehmungsförderung, Dortmund 2001. S. 13

Der **auditive Lerntyp** lernt am besten über das Ohr, also durch Hören und Sprechen. Für ihn läuft Information über das Ohr, Texte und Aufgaben an der Tafel oder in Büchern mag er nicht so gerne.

Wir beobachten: Der auditive Lerntyp schaut häufig - scheinbar träumend - aus dem Fenster, hört jedoch konzentriert zu. Er spricht innerlich mit sich selbst, stellt sich Fragen und gibt sich darauf Antworten.

Auditive Lerner mögen: Gespräch, Dialog, Diskussion, verbale Erklärungen, Geschichten erzählen, Musik, Klänge, Geräusche, Arbeit mit MCs und CDs.

Manche lernen besonders gut über den taktilen Sinn, also durch Fühlen und Tasten; sie zählen zum **haptischen Lerntyp**. Schriftliche Abhandlungen sind diesem Lerntyp ein Gräuel. Haptische Lerner sind ständig in Bewegung, fassen die Dinge gerne an und probieren alles erst einmal aus. Zu scheinbar kleinsten Anlässen erzählen sie gern wortreiche, fantasievolle Geschichten. Zu jedem Lerninhalt gibt es für sie einen praktischen Erfahrungshintergrund, an den sie sich im Detail spontan erinnern.

Wir beobachten: Der haptische Lerntyp ist nicht selten ein Chaot. Seine Sitzhaltung, seine ständige motorische Unruhe bereiten Eltern und Lehrern zuweilen Probleme. Im gleichen Maße ist er fantasievoll und kreativ.

Haptische Lerner mögen: Stehen und Umhergehen beim Lernen, Anfassen und Hantieren, Experimentieren, Notizen machen, Mitschreiben, Lernen in der Gruppe.

„Solange ein Schüler nicht weiß, dass er eine Information immer für seinen eigenen Lerntyp aufbereiten muss, weil eben der jeweilige Unterricht meist nur einen von vielen verschiedenen Lerntypen anspricht, solange wird er sich beim Lernen verkrampfen. Er wird

Komplexe haben, wenn er nicht zufällig jener spezielle Lerntyp ist wie vielleicht sein Nachbar, der beim Zuhören schon alles begreift. Er wird noch so lange Schwierigkeiten haben, bis er seine eigenen Lernmöglichkeiten verstanden hat.“ [1]

Ähnlichkeitshemmung (Ranschburg-Phänomen)

Der Begriff bezeichnet die im Jahre 1905 von dem Psychologen Ranschburg nachgewiesene Hemmung des Gedächtnisses in den Fällen, in denen ähnliche Lerninhalte gleichzeitig vermittelt werden. „Die ähnlichen Bilder werden im Gehirn Bestandteil desselben Erinnerungen-Netzes, schieben sich in diesem übereinander, verhakeln sich ineinander.“ [2]

Eine solche Störung des Lernprozesses, bei der es durch das Nebeneinander von Ähnlichem zu einer totalen Verwirrung kommt, lässt sich in allen nur denkbaren Lernprozessen beobachten. Sogar in vielen Schulbüchern und Arbeitsheften finden sich immer wieder Übungen, die zu einer Ähnlichkeitshemmung führen.

Auch beim Erlernen der Uhr wird das Kind häufig mit ähnlichen Begriffen und Bildern konfrontiert. Bei der Weiterbewegung der Zeiger entstehen auf dem Zifferblatt immer wieder ähnliche Bilder, die zu großer Verwirrung führen können; die Angaben unterschiedlicher Zeiten lauten mitunter sehr ähnlich (5 vor halb, 5 nach halb, 5 vor, 5 nach, ...).

Eine Ähnlichkeitshemmung lässt sich vermeiden, indem so lange Gleiches zu Gleichem gestellt wird, bis diese eine Sache wirklich gefestigt ist. Für den Umgang mit der Uhr bedeutet das unter anderem, dass der Blick des Kindes immer wieder nur auf **eine** Zeigerstellung bzw. Zeitangabe gelenkt werden sollte (z.B.: 5 **vor** 3, 5 **vor** 6, 5 **vor** 7 ...).

---

1 Vester, F.: Denken, Lernen, Vergessen. München 1984. S. 104
2 Speichert, H.: Richtig üben macht den Meister. Wiesbaden 2001. S. 122

Raum-Lage-Wahrnehmung

Richtungssicherheit

Beim Ablesen der Uhrzeiten bzw. dem Zurechtfinden auf dem Zifferblatt kommt es darauf an, die räumliche Beziehung der beiden Zeiger zueinander, zu den Ziffern und zum Betrachter zu entschlüsseln. Oben, unten, vor und hinter, rechts und links müssen sicher unterschieden werden. Für die Wahrnehmung solch räumlicher Beziehungen *„gibt es keinen eigentlich-eigenständigen Sinn - vielmehr führt das Zusammenfließen von vielen Sinnes-Qualitäten und -quantitäten und -modalitäten zu einer Raum-Empfindung."* [1] *Besonders wichtig sind in diesem Zusammenhang*

- *die propriozeptiv-kinästhetische*
- *die vestibuläre*
- *die visuelle*

aber auch die

- *auditive Wahrnehmung.* [2]

Hat ein Kind Probleme mit der Wahrnehmung und Verarbeitung in diesen Bereichen, nimmt es seinen eigenen Körper nur unzureichend wahr; dies führt unweigerlich auch zu Schwierigkeiten im Umgang mit der Uhr. Wenn das Kind nicht weiß, wo an seinem Körper rechts und links ist, kann es diese Richtungen auch auf dem Zifferblatt schwer unterscheiden und ist nicht sicher im Umgang mit den Begriffen ‚vor' und ‚nach'. Erst wenn es die Bewegungsrichtung der Zeiger fest verinnerlicht hat, kann es diese Begriffe sicher anwenden und eindeutig den jeweiligen Zeigerbildern auf dem Zifferblatt zuordnen.

Auch das Empfinden von Zeit erfordert eine gute Zusammenarbeit unserer sensorischen Systeme. Menschen, bei denen diese

---

1 Brüggebors, G.: Einführung in die Holistische Sensorische Integration (HSI) Teil 1. Dortmund 1992. S. 100
2 vgl. ebd., S. 101

Zusammenarbeit (sensorische Integration) unzureichend entwickelt ist, haben daher neben Schwierigkeiten in der Raum-Lage-Wahrnehmung auch Probleme mit der Orientierung im abstrakten Lern-Raum ‚Zeit'. Durch Rituale können hier verlässliche Orientierungspunkte geschaffen werden, die das Zurechtfinden erleichtern.

Figur-Grund-Wahrnehmung

Immer wieder ist es erforderlich, aus all dem, was wir sehen, das Wichtige herauszusehen. So müssen wir beispielsweise in der Lage sein, aus einem Text den einzelnen Buchstaben, die einzelnen Wörter oder auch einzelne Ziffern und Zahlen hervorgehoben wahrnehmen zu können oder auch unter vielen Gegenständen einen bestimmten herauszusehen. Liegt eine Beeinträchtigung der Figur-Grund-Wahrnehmung vor, werden alle Gegenstände (Figuren) mit der gleichen Wahrnehmungsintensität erfasst; eine selektive oder hervorgehobene Wahrnehmung ist dann nicht möglich. Häufig wahrnehmbare Symptome einer solchen Beeinträchtigung sind Unkonzentriertheit, Orientierungslosigkeit und Zerstreutheit. [1]

Auf dem Zifferblatt befinden sich viele ‚Figuren' (Zahlen, Striche, mehrere Zeiger); um die Uhrzeit sicher ablesen zu können, muss die Aufmerksamkeit auf einzelne dieser Teile gelenkt werden. Eine gut entwickelte Figur-Grund-Wahrnehmung ist Voraussetzung hierfür.

Zeitwahrnehmung

Zeit ist nur über Veränderungen wahrnehmbar - Veränderungen in unserem Körper wie auch Veränderungen in unserer Umgebung. Von Sekunde zu Sekunde geht die Gegenwart ständig in Vergangenheit über. Zeitwahrnehmung beinhaltet zwei Aspekte:

- die Wahrnehmung einer zeitlichen Folge sowie

---

1 Vgl. Hirler, S.: Wahrnehmungsförderung durch Rhythmik und Musik. Freiburg 2001. S. 19

- die Wahrnehmung und Schätzung einer Zeitstrecke, also der Zeitdauer.

Die Wahrnehmung zeitlicher Folgen wird wesentlich beeinflusst durch die Organisation der Sinnesreize. *„So werden z.B. zeitliche Folgen, die dasselbe Sinnesorgan ansprechen, eher unterschieden, als wenn die Reize verschiedene Sinnesorgane ansprechen. Zusätzliche Hilfe dabei bietet selbstverständlich die sinnvolle Bedeutung der zeitlichen Folgen.“* [1]

Unter Zeitdauer verstehen wir den Abstand zwischen zwei zeitlich aufeinanderfolgenden Ereignissen. Um diese Dauer wahrnehmen bzw. schätzen zu können, müssen wir in der Lage sein, die aufeinanderfolgenden Aspekte eines Geschehens sozusagen gleichzeitig zu erfassen. Dabei ist zu unterscheiden zwischen sogenannten ‚aufgefüllten' Zeiten, also Zeiten, in denen etwas geschieht, und ‚leeren' Zeiten, also den Pausen zwischen zwei Handlungen oder Geschehnissen. Inwieweit diese Zeiten wahrgenommen bzw. geschätzt werden können ist stark abhängig von den situativen Gegebenheiten (Aufgabenstellung, Umgebung), der Motivation sowie dem Alter der betreffenden Person. [2]

Gedächtnis

Nicht alles, was wir über unsere Sinne wahrnehmen, kann unser Gehirn speichern; es muss eine Auswahl treffen. Alles, was an Bildern und Informationen ankommt, gelangt zunächst ins **Ultrakurzzeitgedächtnis**; dort hält es sich einige Sekunden lang in Form von messbaren elektrischen Strömen auf.

Gibt es zu der jeweiligen Information bereits Assoziationen, d.h. können wir bereits fest gespeicherte Informationen damit verbinden, wird unsere Aufmerksamkeit geweckt und die neue Information kann ins **Kurzzeit-Gedächtnis** übernommen werden. Wichtig zu wissen ist,

1 Eggert, B./Bertrand, L.: RZI - Raum-Zeit-Inventar. Dortmund 2002. S. 67

2 vgl. edb. S. 68

dass eine gespeicherte Information nie nur aus der reinen Sachinformation besteht, sondern aus allen damit verbundenen übrigen Wahrnehmungen, wie etwa den begleitenden Geräuschen, Gerüchen und Gefühlen. *„Über je mehr Kanäle also eine Information eintrifft, um so eher wird sie solche Assoziationsmöglichkeiten vorfinden. Je mehr Assoziationen aber, desto größer auch die sogenannte Motivation (...) und damit auch die Aufmerksamkeit zum Lernen."* [1]

Das Kurzzeit-Gedächtnis ist ein Zwischenspeicher geringer Speicherkapazität; nur etwa 7 bis 9 Informationen können darin gleichzeitig enthalten sein. Sie werden etwa 20 Minuten lang gespeichert. Sind sie bis dahin nicht ans Langzeit-Gedächtnis weitergegeben, verfallen sie wieder. Durch wiederholtes Wachrufen der Informationen gelingt es, den Inhalt des Kurzzeit-Gedächtnisses für einen etwas längeren Zeitraum aufzubewahren. Ein solches Wachrufen der gespeicherten Informationen erfolgt z.B. wenn wir uns einzelne Teile einer Liste immer wieder aufsagen oder auch, wenn wir - falls wir etwas vergessen haben - noch einmal an eine Stelle zurückgehen, an der wir es noch wussten.

Im **Langzeit-Gedächtnis** werden die Informationen in Form von Ribonukleinsäuren gespeichert. Sie werden dort jedoch nicht einzeln aufbewahrt, sondern in großen Zusammenhängen, in Form von Erinnerungs-Netzen. Auch abgerufen werden sie nie einzeln, sondern ebenfalls im Gesamtzusammenhang mit den vorhandenen Assoziationen. *„Je mehr passende Assoziationen, je mehr Möglichkeiten einer vielfältigen Zuordnung schon da sind, um so weniger muss der Stoff gepaukt werden, und um so besser ist er aus dem Langzeit-Gedächtnis - selbst auf eine ungewohnte Anfrage hin - abrufbar."* [2]

Motorik und Koordination

Motorik und Intelligenz stehen in Korrelation zueinander. Bewegungserfahrungen schulen den taktil-kinästhetischen Sinn und

1 Vester, F.: Denken, Lernen, Vergessen. München 1984. S. 109
2 ebd. S. 68

fördern die sensorische Integration. Eine gute sensorische Integration führt zu einer guten Koordination der Bewegungen. Je besser ein Kind seinen Körper kennt und beherrscht, desto mehr Selbstbewusstsein entwickelt es und um so mehr Zeit und Raum gewinnt es auch, sich der Außenwelt zuzuwenden und Neues zu lernen.

Aufmerksamkeit und Konzentration

Die **Aufmerksamkeit** ist die Vorstufe (Voraussetzung) der Konzentration. Kennzeichen eines aufmerksamkeitsgestörten Kindes sind: Es ist leicht ablenkbar, hört Anweisungen nur teilweise, hat Schwierigkeiten aufmerksam zu bleiben, springt von einer Aktivität zur anderen, führt nichts zu Ende, hört oft nicht zu, sieht Gefahren nicht ...

Unter **Konzentration** versteht man die Fähigkeit eines Menschen, seine Aufmerksamkeit auf einen ganz bestimmten Bereich zu bündeln.

Bedeutung von Rhythmik

Eine Vielzahl von Untersuchungen belegt die besondere Bedeutung der Rhythmik für die Förderung der sensorischen - und damit auch der geistigen - Entwicklung. Rhythmik bringt unseren ganzen Körper in Bewegung und fördert so die sensorische Integration und das Zusammenwirken der linken und rechten Gehirnhemisphäre. Je besser die beiden Hemisphären zusammenarbeiten, um so leichter fällt das Lernen. Über rhythmisches Sprechen oder auch Hüpfen, über Reimen und Singen prägen sich Lerninhalte besser und dauerhafter ein.

Bedeutung von Ritualen

Unter Ritualen verstehen wir geregelte Handlungsabfolgen, die immer auf die gleiche Art und Weise durchgeführt werden. Wer feste Riten in den Alltag integriert, schafft verlässliche Eckpunkte und gibt so nicht nur dem Tag, sondern dem gesamten kindlichen Leben eine klare Struktur und Orientierung. So wird Zeit für das Kind besser erfahrbar. Darüber hinaus erlebt es dadurch auch Verlässlichkeit, die ihm hilft, Vertrauen zu gewinnen und es in seinem Urvertrauen stärkt.

Vorausschauendes Planen und Handeln

Erst die Fähigkeit, vorausschauend planen und handeln zu können, ermöglicht die zielgerichtete Planung von Handlungsabläufen, wie sie im Alltagsleben immer wieder erforderlich ist. Neben automatisierten Bewegungsabläufen bedarf es hierzu auch stets einer neuen Bewegungsplanung. Ein gut entwickeltes Körperschema ist hierfür Voraussetzung.

Geht es darum, zu einem effektiven Umgang mit der eigenen Zeit zu kommen und anstehende Vorhaben/Aufgaben unter Berücksichtigung der zeitlichen Dimension vorausschauend zu planen, so kann das nur gelingen, wenn ein sicheres Gefühl für Zeit entwickelt wurde. Vielfältige Übungen hierzu machen sich bezahlt; sie garantieren ein stressfreieres Lernen und damit auch bessere Lernerträge.

Literaturverzeichnis

Aust-Claus, E./Hammer, P.-M.
Auch das Lernen kann man lernen. Ratingen: Oberstebrink-Verlag 2001

Brüggebors, G.
Einführung in die Holistische Sensorische Integration. Dortmund: borgmann publishing GmbH 1992

Eggert, D./ Bertrand, L.
RZI - Raum-Zeit-Inventar - der Entwicklung der räumlichen und zeitlichen Dimension bei Kindern im Vorschul- und Grundschulalter und deren Bedeutung für den Erwerb der Kulturtechniken Lesen, Schreiben und Rechnen. Dortmund: Borgmann 2002

Hirler, S.
Wahrnehmungsförderung durch Rhythmik und Musik. Freiburg: Verlag Herder 1999

Klein, Dr. J./Träbert, D.
Wenn es mit dem Lernen nicht klappt. Reinbek bei Hamburg: Rowohlt Taschenbuch Verlag 2001

Mertens, K.
Lernprogramm zur Wahrnehmungsförderung. Dortmund: verlag modernes Lernen, Borgmann 2001

Schwarz, M.
Rechenschwäche - Wie Eltern helfen können. Berlin: Urania-Ravensburger 2001

Speichert, H.
Richtig üben macht den Meister. Wiesbaden: Text-o-phon-Verlag, 2001

Vester, F.:
Denken, Lernen, Vergessen.11. Aufl. München: dtv, 1984

Wunderlich, G.
1, 2, 3 mit allen Sinnen, Lichtenau: AOL Verlag, 2000

Wunderlich, G../Bares, H.
Wo Kinder rechnen lernen. Embsen-Oerzen: Der Kleine Verlag, 2000

Sämtliche Buchtitel können bezogen werden über:
Der Kleine Verlag, Osterwiese 6. 21409 Embsen/OT Oerzen
Tel.+Fax: 0 41 34 - 91 07 10, E-Mail: 123@der-kleine-verlag.de